항공서비스시리즈 ⑩

English Interview for Stewardesses

스튜어디스 영어인터뷰

박혜정 & Scott J. Covey 공저

백산출판사

항공서비스시리즈를 출간하며

글로벌시대 관광산업의 발전과 더불어 항공서비스 및 객실승무원에 대한 관심이 날로 증가됨에 따라 전문직업인을 양성하는 대학을 비롯하여 교육기관에서 관련 교육이 확대되고 있다.

저자도 객실승무원을 희망하는 전공학생을 대상으로 강의를 하면서 교과에 따른 교재들을 개발·활용해 왔으며, 이제 그 교재들을 학습의 흐름에 따라 직업이해, 직업기초, 직업실무, 면접준비 등의 네 분야로 구분·정리하여 항공서비스시리즈로 출간하게 되었다.

분야	번호	교재	내용
직업이해	1	멋진 커리어우먼 스튜어디스	직업에 대한 이해
직업기초	2	고객서비스 입문	서비스에 대한 이론지식 및 서비스맨의 기본자질 습득
	3	서비스맨의 이미지메이킹	서비스맨의 이미지메이킹 훈련
직업실무	4	항공경영의 이해	항공운송업무 전반에 관한 실무지식
	5	항공객실업무	항공객실서비스 실무지식
	6	항공기내식음료서비스	서양식음료 및 항공기내식음료 실무지식
	7	비행안전실무	비행안전업무 실무지식
	8	기내방송 1·2·3	기내방송 훈련
면접준비	9	멋진 커리어우먼 스튜어디스 면접	승무원 면접준비를 위한 자가학습 훈련
	10	English Interview for Stewardesses	승무원 면접준비를 위한 영어인터뷰 훈련

모쪼록 객실승무원을 희망하는 지원자 및 전공학생들에게 본 시리즈 도서들이 단계적으로 직업을 이해하고 취업을 준비하는 데 올바른 길잡이가 되기를 바란다. 또한 이론 및 실무지식의 습득을 통해 향후 산업체에서의 현장적응력을 높이는 데도 도움이 되기를 바란다.

아울러 항공운송산업의 환경은 지속적으로 변화·발전할 것이므로, 향후 현장에서 변화하는 내용들은 즉시 개정·보완해 나갈 것을 약속드리는 바이다.

본 항공서비스시리즈 출간에 의의를 두고, 흔쾌히 맡아주신 백산출판사 진욱상 사장님과 편집부 여러분께 깊은 감사의 말씀을 전한다.

저자 씀

PREFACE

영어인터뷰는 이제 항공사 취업의 성패에 매우 중요한 관문이 되었다. 누구나 영어인터뷰에 응한다는 것 자체가 부담스러울 것이며, 또한 성공적인 인터뷰를 이끌어내기란 매우 어려운 일일 것이다. 그러나 영어인터뷰가 자신의 꿈을 이루기 위해 꼭 거쳐야 할 관문이라면 무조건적인 두려움을 없애고 자신감 있게 도전해 보기를 바라는 마음에서 본서를 준비하게 되었다.

영어인터뷰의 형태도 다양하고 어떤 면접관이 무슨 질문을 할지 모르는 상황에 완벽히 대비할 수는 없겠지만, 인터뷰를 통해 면접관이 평가하고자 하는 부분은 뚜렷하므로 직업의 특성상 어떠한 질문들이 주어질지 어느 정도 예상할 수는 있을 것이다. 직업과 관련하여 주로 받게 되는 질문들에 대비하여 차분히 준비한다면 반드시 인터뷰에 성공할 수 있을 것이다.

이를 위해 학습자에게 도움이 되도록 본서를 다음과 같이 구성하였다.

- 항공사 승무원 채용 시 영어인터뷰 준비에 관한 내용을 강의진행 식으로 설명하였다.
- 최근의 기출문제를 내용별로 구분하여, 실제 인터뷰에서 활용가능한 수준의 영어표현을 제시하였다.
- 실제 인터뷰상황과 유사하게 앞의 질문내용과 연관된 꼬리질문 연결형태로 질문을 구성하였다.
- 질문과 대답의 예문 외에 개인별 작성란을 두어 각자 독창적인 답변을 기입해 보도록 하였다.

- 최근 인터뷰 질문의 경향인 Role-play(상황별 질문)를 추가하였다.
- 면접 시 거쳐야 할 영문 기내방송 읽기 테스트를 위한 내용을 보강하였다.
- 전공관련 답변에 대비하기 위해 항공·식음료서비스용어를 추가하여 이해를 도왔다.
- 본서에 포함된 CD(인터뷰 Q&A, 방송 모델테이프)를 통해 자가학습이 가능하도록 하였다.

강조하고 싶은 사항은, 본 교재에 제시된 질문에 대한 답변내용들을 절대로 앵무새 식으로 외우려 하지 말고 단지 참조하여, 반드시 자신만의 고유한 답변을 준비하라는 것이다.

또한 본서에 소개된 내용 외에 어떠한 질문을 받게 될지 예상할 수 없는 만큼, 평소 다양한 주제들을 중심으로 생각을 정리하고 영어표현을 준비하여, 어떠한 질문에도 자연스럽게 답변할 수 있도록 훈련해야 할 것이다.

모쪼록 본서가 항공사 승무원이 되기를 희망하는 모든 분들에게 도움이 되기를 바라면서, 힘든 작업을 오랜 시간 같이해 온 스콧 교수님과 원고정리를 도와준 허주희에게 깊은 감사의 마음을 전한다.

박혜정 씀

PREFACE

The number of Korean students who are working hard everyday in an effort to become flight attendants is growing, year by year. Along with the number of students that are growing, the number of resources is increasing just as fast. In an attempt from you, as students, to reach your dream of becoming flight attendants you have purchased this book to continue your studies.

This book, with its accompanying CD, has been designed to bring you, as an applicant to any airline company, from the first steps of writing your English resume to the final interview process.

This book consists of step by step instructions on how to write your resume and cover letter, along with samples of both. It will discuss actual interview questions asked by most of the major airlines in the industry, along with sample responses and space for the students own responses, as well as recordings of each. Finally, it will explore how the student should present and prepare themselves for when the time comes that they are in their actual interview.

As the authors, it is our belief that this is an essential resource for all students who hope to one day be flight attendants. You will gradually develop confidence in your speaking and will be ready for any question you may be asked.

Good luck to everyone!!

Scott J. Covey
Suwon, South Korea

CONTENTS

CHAPTER 04 _ Interview Questions : What would you say? • 69

CONTENTS

English Interview for Stewardesses

1

How to Prepare for the English Interview

제1절 영어인터뷰, 왜 중요한가
제2절 영어인터뷰의 유형
제3절 영어인터뷰의 Key 포인트
제4절 영어인터뷰 이렇게 준비하라

How to Prepare for the English Interview 01

제1절 영어인터뷰, 왜 중요한가?

최근 항공사 승무원 채용에 있어서 영어인터뷰의 중요성이 갈수록 높아지고 있다. 항상 많은 외국인승객과 접촉하게 되는 승무원의 영어구사능력은 필수요건이므로, 항공사 측이 현업에 바로 투입할 수 있을 정도의 영어실력을 갖춘, 글로벌 시장에서 경쟁력 있는 인재를 원하는 것은 당연한 일일 것이다. 이 때문에 항공사 측에서 승무원지원 자격요건으로 일정 토익점수를 요구하는 것이지만 영어인터뷰를 통해 회화능력까지 검증하려는 것이다. 이는 단순히 이력서와 자기소개서만으로는 응시자의 정확한 적성과 자격 여부에 대해서까지 파악하기가 쉽지 않으므로 영어성적표에서 파악하기 힘든 영어 의사소통능력을 평가하기 위한 과정이다. 따라서 영어인터뷰는 영어성적 이상의 중요성을 지닌, 실질적인 당락을 결정지을 수 있는 절차라고 할 수 있다.

영어인터뷰 방법도 매우 복잡하고 다양해지고 있다.

특히 외모적인 조건보다 언어소통능력을 기본적으로 중요시하는 외국항공사의 경우는 영어인터뷰 방식도 자기소개 정도로 그치지 않고 일정 주제를 중심으로 하는 프레젠테이션, 집단토론의 도입 등으로 매우 까다로워지고 있으며 외국인 면접관을 여러 명 배치하여, 구직자의 답변을 집중적으로 캐묻는 심층면접이 실시되기도 한다.

국내항공사의 경우 기본적인 인터뷰 외에도 기내에서 발생 가능한 상황 즉 "만약 승객이 … 한다면 어떻게 할 것인가?" 등과 같은 현장 중심의 '상황'을 제시하여 답변을 요구하기도 한다. 이는 승무원에게 외국어능력이 중요하기는 하지만 회사가 기대하는 것은 다국적 승객을 대하는 승무원의 커뮤니케이션 능력도 평가하면서, 실제로 기내서비스업무를 잘 해나가기 위한 기술, 의욕, 경험, 지식, 판단력 그리고 가능성을 보고자 하는 것이라고 생각한다. 그러므로 영어인터뷰를 통해 단순한 영어능력뿐만 아니라 문제해결능력, 창의력, 발표력, 논리력, 표현력, 전문지식 등을 모두 평가한다는 것을 염두에 두어야 한다. 영어인터뷰는 '지원자가 외국인과의 커뮤니케이션 능력을 어느 정도 갖추고 있는가'를 테스트하는 것이기 때문에 상대의 질문을 잘 알아듣고 자신의 생각을 대답할 수 있다면 크게 두려워할 필요가 없다.

영어인터뷰의 중요 평가사항은 '질문의 의도를 정확하게 이해하고 그에 맞는 답변을 하는가'와 '업무에 대한 의욕, 창의성과 능동적인 자세를 갖고 있는가' 등이다. 그러므로 영어인터뷰 준비 시 단순히 단어나 표현을 암기하려고 하기보다 실무와 관련한 커뮤니케이션 기술에도 관심을 기울이고, 사전에 충분히 실용적인 회화 준비를 해두는 것이 필요하다.

제2절 영어인터뷰의 유형

면접은 Screening Interview, One-on-one Interview, Panel Interview, Peer Group Interview, Luncheon Interview, Telephone Interview 등 그 형태에 따라 다양하게 구분된다.

즉 한 사람을 상대로 하여 한 번 행하는 개별 면접이 있고, 여러 명의 면접관 앞에서 다양한 질문에 대답해야 하는 면접도 있다. 또 경우에 따라서는 다른 면접관과 두 번, 세 번 인터뷰를 해야 할 때도 있다. 이때 응시자는 인터뷰의 형태와 상관없이 자신의 장점을 강조하여 면접관의 신뢰를 얻는 데 모든 노력을 기울여야 한다.

내용 면에서 면접의 종류는 크게 자유면접과 표준면접, 상황면접, 압박면접 등이 있다.

자유면접은 말 그대로 비지시적인 면접으로, 면접관은 대화를 조정하는 역할만 하고 주로 응시자가 말을 하도록 이끄는 방법이다.

표준면접은 미리 마련된 질문에 응시자가 대답하도록 하는 방법이다. 따라서 면접관과 응시자가 생각을 자유롭게 펼칠 여지는 없다. 자유면접, 표준면접 공히 응시자가 승무원으로서 적합한지 응시자의 성품을 알아보려는 목적이 있다.

상황면접은 하나의 가상 상황을 마련해 놓고 응시자가 그 상황에 대처하도록 하는 면접이다. 이는 응시자의 상황 판단과 대처능력을 알고자 하는 데 목적이 있다.

압박면접은 응시자를 당황하게 하는 면접방법으로, 면접 도중에 면접관의 태도가 돌변해 응시자의 생각과 자질에 의문을 제기하는 공격적인 면접이다. 답변에 대한 퉁명스러운 대꾸나 침묵 등으로 응시자를 불안하게 하고 답변 태도와 지망동기, 성실성까지 문제로 거론하기도 한다. 압박면접은 주로 고객응대능력, 위기관리능력 등 대인관계에서 뜻하지 않은 상황이 발생할 경우 응시자의 대처능력을 알아보기 위한 목적이 있다.

1. 외국항공사 면접유형

외국항공사의 경우 국내항공사에 비해 영어인터뷰의 영향력이 더욱 크다고 할 수 있다.

특히 일반적인 질문 외에 지원자의 순발력과 사고력을 묻는 질문도 적지 않으므로 유념해야 한다. 또한 외국계 기업에서 진행되는 영어인터뷰라면 얼마나 능동적으로 자신을 PR했느냐가 중요한 평가항목이 되므로 지나친 겸손은 지양해야 하며, 자신의 주관을 갖고 당당하게 모든 질문에 답변할 수 있도록 한다. 특히 2분을 넘지 않는 간결한 표현으로 자신을 소개할 수 있는 방법을 연구하여 반복적으로 연습하는 것이 좋다.

영어로 하는 프레젠테이션면접, 심층면접, 집중토론면접은 말만 영어로 하는 것일 뿐, 우리말로 하는 것과 본질이 크게 다르지 않다. 핵심이 되는 내용을 명쾌하고 논리적으로 설명할 수 있어야 하고, 말할 때의 태도와 목소리 톤 등에도 신경을 써야 한다.

■ **개인면접**

대개 항공사 최종면접에서 면접관과 1:1로 진행되는 면접이다. 면접시간은 20분 이상으로 다양하며, 본인의 이야기를 구체적으로 할 수 있는 기회이므로 충분히 자신의 의사를 피력하도록 한다.

■ **Group Interview(그룹 면접) & Group Discussion(그룹 토론)**

Group Interview(그룹 면접)는 일반 면접과 같이 5~8명이 한 조가 되어 면접을 보는 방식이다. 이때 개인 이력서를 바탕으로 몇 가지 개별질문을 하거나 공통질문이 이루어진다.

Group Discussion(그룹 토론)은 외국항공사의 경우 2, 3차 면접에서 이루어지는 형태이다. 응모자를 그룹으로 나누고, 각 그룹에게 일정 과제를 주어 각 과제에 대해 논의하게 한다. 이 토의하는 과정을 면접관이 관찰하여 논리력, 사고력, 협조성, 의사소통능력, 리더십, 설득력, 반대 의견에 대한 대응 등을 평가한다. 이는 많은 테크닉을 필요로 하고 연습의 효과를 가장 많이 볼 수 있는 면접형태이다.

면접관이 직접 토론에 참여하는 형태와 참관만 하는 형태로 분류되는데 보통 참관하는 경우가 더 많다. 토론할 때는 영어 구사력도 중요하지만 상대방의 의견을 경청하는 자세, 자신의 발언시간 조절, 표정유지, 상호 간 예절 등 면접진행 중 보이는 태도적인 면 또한 중요하다.

그룹 토론 시엔 대화가 끊어지지 않도록 자연스럽게 계속 이야기를 하며, 지나친 경쟁과 신경전은 가장 피해야 할 부분이다. 혼자만 튀는 태도나 의견은 피하고 상대방의 의견에 귀 기울이고 상호 존중하는 모습과 분위기를 자연스럽게 이끄는 원만함, 팀워크 향상을 위해 노력하는 모습을 보여주는 것이 유리하다. 팀워크가 중요한 직장에서 팀의 일원으로서 팀에 공헌할 수 있는가를 보기 때문이다. 상대에게 면박을 주거나 비웃는 등의 태도는 피해야 하며, 다른 사람이 말할 때 끼어드는 것도 감점요인이다. 또한 토론 주제에 대해 명확한 결과를 함께 이끌어내는 조직력과 리더십을 보여주는 것이 바람직하다.

■ 설정면접

주로 외항사에서 채택하는 면접방식으로 면접 전에 미리 설정된 상황에 따라 면접을 하는 것이다. 면접관은 설정면접을 통해 질문과 동시에 행동요령, 판단력 등을 복합적으로 평가한다.

예를 들어 세팅면접의 경우, 응시자가 차나 과일을 접시에 담아 면접장으로 들어가서 타원형 테이블에 앉아 있는 면접관과 함께 차를 마시며 대화하듯 면접을 하는 것이다. 또 다른 형태인 티 파티의 경우, 차를 마시면서 자연스럽게 대화하듯이 면접을 본다. 이외에도 다양한 상황을 미리 설정하고 면접을 할 수 있는데 역시 응시자가 상대적으로 줄어든 최종 면접에서 실시된다.

이 면접은 시간 소요가 많은 단점은 있으나 항공사의 입장에서 보면 이국인에 대한 종합적인 평가에는 아주 적합한 방법이다.

■ 프레젠테이션

내용은 자신이 하고자 하는 정보전달에 그치기보다 약간의 흥미요소를 가미, 무엇에 대한 프레젠테이션인지 개괄적인 설명을 하고 핵심은 서너 가지로 요약하되 짧고 간단, 분명해야 한다. 중요 핵심사항은 반복해도 무방하다.

■ 전화면접(Telephone Interview)

인터넷상에서 구직을 하는 경우나 해외 직장에 응모하는 경우, 특히 외항사 채용 시 1차 면접은 전화면접 형식을 취하는 경우가 있다. 경험이 있는 면접관이라면, 전화면접을 통해 이력서에 있는 사항의 신뢰성을 어느 정도 판단할 수 있다고 본다.

전화면접 응시자는 제출한 이력서나 응답에 필요한 자료를 통화 중 전화기 옆에 둘 필요가 있다. 평소 회화에 능통한 사람도 전화기로 전해져 오는 영어 발음은 알아듣기 쉽지 않다. 특히 외국계 기업을 지망하는 사람이라면, 평소 전화로 영어 회화 연습을 하는 것도 도움이 된다.

2. 면접관 유형

영어인터뷰는 외국인 면접위원이 평가하는 경우, 외국인과 내국인이 함께하는 경우 그리고 내국인이 평가하는 면접으로 구분된다. 외국인 면접관은 일반적으로 지원자와 일상적인 대화를 나누면서 지원자가 질문을 이해하는 정도와 표현력, 발음 등 기본적인 영어회화능력을 평가하게 되는데 외국인이 면접을 할 때에는 사고방식, 습관, 문화가 우리와 다르기 때문에 에티켓을 염두해 두고 독특한 언어, 비언어적 표현 등에 실수가 없도록 유의하는 것이 좋다.

내국인 면접관은 간단한 생활영어능력을 평가하는 경향이 높으며, 즉석에서 번역을 요청하거나 자기소개서의 내용을 영어로 말해 줄 것을 제시하기도 하므로, 입사기업의 정보와 자신의 이력서를 영어로 정확하게 파악해 놓는 것이 중요하다.

기업에 대한 정보 가운데 중요하다고 생각하는 내용이나 자신을 PR할 수 있는 간략한 프로필을 만들어 가면 긍정적인 평가를 받을 수 있다.

제3절 영어인터뷰의 Key 포인트

1. 이해력

영어인터뷰에서 가장 중요한 것은 면접관의 질문이나 의도를 응시자가 얼마나 정확히 알아차리는가이다. 질문을 정확히 듣고 이해하는 과정이 수반되어야 영어인터뷰에서 실수를 줄일 수 있다. 면접의 기본이 면접관과의 '커뮤니케이션(의사소통)'이라는 점을 고려할 때, 면접관의 질문과 그 속에 담긴 의도를 잘 파악하는 것이 영어인터뷰 성공의 제1법칙이라 할 수 있다. 따라서 평소에 영어로 말하기에 앞서 꾸준히 듣는 연습이 필요하다.

영어인터뷰는 응시자의 개인사를 알아내기 위해 실시되는 것이 아니라, 응시자의 영어실력을 검증하기 위한 방편인 동시에 이 사람이 회사에 얼마나 필요한 사람인지, 나아가 얼마만큼의 공헌을 할 수 있는 사람인지를 알아내는 것이 가장 큰 목적이다.

간혹 면접관이 던지는 질문의 의도를 제대로 파악하지 못하고 자신의 입장에서 자신의 얘기만 하는 사람들이 있는데 이런 자세로는 면접관에게 좋은 인상을 심어주기 어렵다.

면접관에게 질문을 받았을 때 이 질문을 통해 면접관이 내게서 알아내려는 것이 무엇인지를 먼저 파악해야 좀 더 적절한 대답을 할 수 있는 것이다. 면접관의 질문 의도를 제대로 파악하지 못하고 자기 입장에서만 대응한다면 결코 면접관이 원하는 대답을 할 수 없을 것이고, 그만큼 합격의 길도 멀어지는 것이다.

영어인터뷰뿐 아니라 어떤 형식의 면접이든 면접관에게 자신이 그 업무에 적합한 회사에 필요한 인재라는 인상을 심어주는 것이 가장 중요하다. 그러기 위해선 먼저 면접관이 던지는 질문의 의도를 파악하고 대처해야 한다.

2. 표현력

영어인터뷰에서는 영어 표현능력이 평가핵심이 되는데 여기서 말하는 표현력이란 유창한 영어를 말하는 것이 아니라 표현의 간결성, 명확성, 논리의 통일성 등을 말한다.

면접은 회화로 이루어지므로 어렵고 멋진 단어와 문장을 구사하려 애쓰기보다 간단한 문장으로 이해하기 쉽고 설득력 있는 표현을 하는 것이 중요하다.

또한 영어인터뷰를 세련된 매너로 그리고 내용을 정확하게 전달하기 위해서는 원어민과 유사한 영어발음도 중요하나 자신의 의견을 상대에게 제대로 전하는 것이 가장 중요한 것이다. 발음이 다소 훌륭하지 않더라도 올바른 표현법을 사용하는 것이 더욱 중요하다.

> 면접방법도 다양하고, 점점 난이도도 높아지는 영어인터뷰에서 까다로운 면접관의 마음을 움직이기 위해서는 어떻게 해야 할까? 지금부터 한 단계씩 천천히, 그리고 성실하게 준비해 보도록 한다.

제4절 영어인터뷰 이렇게 준비하라

1. 제출한 이력서와 자기소개서 내용을 확인하라

면접에서는 대략 이미 제출한 이력서와 자기소개서 등에 의해서 기본적인 질문을 하게 되므로 제출하기 전에 한 부를 복사해 두어야 한다.

특히 서비스 직종 아르바이트 경험이 있으면 특별히 기억에 남았던 것들, 어려움을 극복한 사례 등을 간단히 소개하여 문제해결능력을 보여주는 것도 좋다.

그 외 휴학을 했거나, 다른 직종에 근무했거나 하는 특이한 경험에 대한 질문도 준비하는 것이 좋다. 어떠한 질문에 대한 답변이라도 내가 유능한 직원이 될 자질이 있다는 것을 보여주는 것이 중요하다.

2. 지원 항공사에 대한 정보를 수집하라

지원한 회사의 정보를 정확히 정리해 놓는 것이 중요하다. 기업에 대한 정보 중 중요하다고 생각하는 내용과 그에 대한 자신의 생각과 견해를 준비해 간다면 더욱 긍정적인 평가를 받을 수 있다. 자신이 지원한 회사에 대해 관심을 갖는 것은 당연한 일이지만, 회사 측에서 보았을 때 지원자가 그만큼 회사에 관심이 높다고 판단될 가능성이 있기 때문이다.

면접에 임하기 전에 지원항공사가 요구하는 사풍, 인재상, 최근 강조사항 등을 파악하라. 면접시험을 준비하는 데 있어서 본인이 응시하고자 하는 기업에 대한 아무런 지식 없이 면접에 응시한다는 것은 본인 자신에게 무책임한 일이다. 적어도 그 항공사를 왜 지망하는지, 그리고 그 항공사의 운송 역사를 비롯하여 대외적으로는 어떠한 이미지를 갖고 있는지, 또는 그 항공사의 비행기를 탑승해 본 경험에 비추어 서비스에 대해 어떤 견해를 갖고 있는지, 입사한 후에 어떠한 역할을 하고 싶은지 등 응시하고자 하는 항공사 기업의 연구야말로 면접 준비의 시작이다.

항공사 홈페이지, 인터넷이나 그 외 정보채널을 통해 회사에 관련된 정보, 주요 현안, 최근 동향 기사 등을 검색해 읽어두고 사례별로 자신의 의견을 정리해 두도록 한다. 또한 면접 당일 반드시 신문을 읽어 그날의 화제(話題)를 미리 알고 있는 것도 도움이 될 것이다. 이런 과정을 거치고 나면 지원할 회사의 특성을 어느 정도 파악할 수 있다.

그 다음, 회사의 장점과 단점을 정리한 후에 나름대로의 전략을 생각하고 메모하여 종이에 적어본다.

지원회사에 대해 알아두어야 할 사항

- 회사의 연혁, 사훈, 경영이념, 창업정신
- 기업개요(사업규모, 창업자/경영자 이름, 종업원 수, 보유기종)
- 업종별 계열회사의 수
- 취항 도시노선, 해외 지사의 수와 그 위치
- 개설 예정인 신규노선
- 타 항공사와의 차별화된 서비스 내용
- 기업이 요구하는 신입사원의 인재상
- 자기 나름대로의 그 회사를 평가할 수 있는 장단점
- 업계에서의 랭크, 경쟁상대(국내외)
- 현재 회사 내에서 하고 있는 캠페인
- 현재 TV와 잡지 등 광고에 나타난 홍보내용 및 느낀 점
- 현재 경제상황으로 기업에 어떤 영향이 있는가
- 회사의 잠재적 발전가능성에 대한 의견

3. 해당 지원분야에 대한 전문용어를 미리 숙지하라

자신이 지원한 회사, 직종에서 자주 쓰는 용어는 어느 정도 알고 임해야 한다. 업무와 깊이 관련된 전문용어는 아니더라도 지원분야에서 널리 쓰이는 용어를 자유롭게 말할 수 있을 정도로 숙지하는 것이 좋다.

4. 평소에 듣기연습을 철저히 하라

면접관의 질문이나 의도를 정확히 알아차리기 위해서는 평소에 영어 말하기에 앞서 꾸준히 듣는 연습이 필요하다. 정확히 듣고 이해하는 과정이 수반되어야 영어 인터뷰에서 실수를 줄일 수 있다.

5. 예상문제의 답변을 녹음하여 교정하며 연습하라

면접 시 얼마나 답변을 잘하느냐가 취업의 당락을 결정짓는 관건이니만큼 답변 대처능력을 향상시키기 위해 기출문제를 토대로 예상질문을 만들어 이에 대한 답변을 미리 준비해 두면 실전에서 보다 유연하게 대처할 수 있다.

예상문제에 대한 답변을 녹음한 후 반복해 들으면서 어색한 부분을 고치도록 한다. 머릿속으로 생각하는 것이 아니라, 걸어다니면서 혹은 버스 안에서 틈틈이 자신의 목소리를 들을 수 있어야 한다. 이렇게 말로 표현하는 연습을 충분히 하면 면접관 앞에서 영어로 이야기하는 것에 대한 두려움이 사라진다. 또한 영어로 여러 종류의 자기소개서를 써놓고, 반복해서 연습하면 실전에 도움이 된다. 가능하면 면접관의 입장이 되어보는 훈련도 유용하다.

6. 면접 이미지메이킹을 준비하라

혹 영어에 자신이 없는 지원자라면 더욱더 비언어적인 커뮤니케이션 방법에 신경 쓸 필요가 있다. 아무리 영어인터뷰라고 해도 사람과 사람의 만남이니만큼 호감 가는 인상과 단정한 복장을 갖추는 것도 중요한 준비가 될 것이다. 평소에 거울을 보며 가장 자신 있는 미소를 찾고 연습해 보라.

면접에서는 무엇보다 첫인상, 즉 이미지가 중요하므로 지나치게 화려하거나 개성이 강한 스타일은 피하고 깔끔하면서 단정한 이미지를 연출하도록 한다. 깨끗하고 단정한 첫인상을 주기 위해 메이크업이나 복장에도 신경을 쓰도록 한다. 화려하거나 유행에 따른 복장보다 단정하고 Professional해 보이는 복장을 준비한다.

면접관은 용모단정하며 침착하고 안정된 모습의 사람에게 호감을 갖는다. 거기에 세련미까지 갖췄다면 더할 나위 없는 완벽한 준비가 될 것이다.

면접에 있어서 국내항공사의 경우 복장은 무릎 스커트에 반팔상의로 한정되고 있다. 외국항공사의 경우도 비슷하나 각 항공사마다 특징이 있어서 유니폼이나 각 나라의 고유의상을 입고 면접을 치르기도 한다.

국내항공사 스튜어디스 면접 시 복장은 계절과 무관하게 상의는 흰색이나 아이보리색의 반소매 블라우스나 남방셔츠, 하의는 무릎 위 5cm가 넘지 않는 길이의 치마를 입도록 한다. 여기에 살색이나 커피1호의 스타킹과 장식이 없는 5cm 정도의 검정색 하이힐을 신는 것이 무난하다.

최근에는 자신의 개성을 살릴 수 있는 활동적인 바지차림이나 자유로운 복장으로 면접을 보도록 하는 항공사도 있다. 이런 경우는 자신의 감각을 잘 표현할 수 있도록 입되 면접이니만큼 격식 있는 정장차림이 기본 원칙임을 기억하라.

외국항공사의 경우는 국내항공사와는 조금 다르다. 예를 들어 루프트한자항공처럼 격식 있는 복장에 '자신을 제일 매력적으로 보이게 하는' 스타일을 최고로 삼는 회사도 있다. 이러한 경우, 밝고 청결하고 친근감 있는 복장이 생동감 있고, 신뢰감 넘치는 인상을 줄 것이다.

정장을 입을 시 색상은 차분한 회색 또는 화사한 베이지, 검정색 등이 좋다. 이러한 색상이 전체적으로 안정감을 주되 얼굴을 돋보이게 할 수 있기 때문이다. 복잡한 장식보다는 심플한 라인의 정장이 세련되어 보이기 때문에 옷 전체에 들어가는 색상이 세 가지 색 이내가 되도록 한다. 또한 붉은색, 진한 핑크 등은 본인에게 어울린다고 해도 면접용으로는 화려한 인상을 주게 되므로 바람직하지 않다. 옷만 눈에 띄고 정작 보여야 할 응시자의 인상이 흐리게 되면 아무 의미가 없기 때문이다.

또한 어떤 옷을 입는지도 중요하지만 잘 다려진 옷, 깨끗하게 손질된 옷을 입는 것도 그에 못지않게 중요하다. 비가 오거나 바람이 심한 궂은 날씨, 거리가 먼 면접장소라면 구겨지지 않도록 잘 다려 별도로 준비하여 대기실 또는 화장실에서 갈아입는 것이 좋다.

복장에 관해 생각해 두어야 할 것은 정장뿐만 아니라, 신발, 구두, 액세서리류와의 조화이다. 그러나 면접에서는 필요 이상으로 장식할 필요는 전혀 없으므로 액세서리 등은 될 수 있는 한 삼가는 것이 좋다.

구두는 하이힐이나 뒤축이 없는 스타일보다 굽이 적당하고 심플한 디자인의 플레인 스타일이 무난하다. 또한 의상과 어울리는 소재와 색상을 선택한다. 갖고 있는 옷이나 신발 등이 없을 때에는 새로 구입하게 되는데 구입 후 반드시 몇 번 신어보고 몸에 익혀두도록 한다. 소매 끝이 딱딱해서 마음에 걸린다든지, 신발 끝이 살에 닿아서 아프거나 발가락이 아프다든지, 입고 신은 상태에 따라 알 수 없는 불편함이 따르게 되므로 사전에 예방하는 것이 좋다. 옷이나 신발이 불편하여 시험에 집중하지 못한다면 곤란한 일이므로 입고 있는 옷은 신경 쓰지 않아도 될 정도로 몸에 익혀놓는 것이 좋다. 그리고 뒷모습을 고려해 구두 뒤까지 깨끗하게 닦아놓는다.

2

Personalizing Your Resumes & Cover Letters

Personalizing Your Resumes & Cover Letters 02

제1절 영문이력서(Resume)

인재를 채용하려는 기업에서 사람을 만나보기 전에 가장 먼저 접하는 것이 이력서이다. 아무리 훌륭한 능력을 갖춘 사람이라도 채용기업이 요구하는 기준에 맞지 않는 이력서를 제출하였다면 당연히 심사대상에도 들지 않게 되어 있다.

다시 말하면 취업의 첫 열쇠는 이력서이며, 이력서가 열어준 면접의 관문을 거쳐야 취업이 된다는 것이다.

영문이력서는 흔히 Resume이라 불리며, 이는 구직자의 경력을 단순히 글로써 늘어놓은 것이 아니라 경력, 능력, 성격, 학력 등의 요점을 카탈로그처럼 간결하게 (1~2페이지 이내) 효과적으로 정리해서 회사 측에 미리 제시하는 서류이다. 일반적으로 이력서의 내용은 모두 대동소이하게 보이는데 이는 이력서상에서 자신을 표현하는 방법이 부족한 탓이다. 더 정확히 이야기한다면 기업이 지원자에게 무엇을 요구하는지를 모르는 것이다.

채용하는 기업 측에서 영문이력서 제출을 요구하는 이유는 첫째, 기술한 내용과 형식에서 응시자의 자기표현능력을 알아내고자 하는 목적이 있고, 또 다른 목적은 업체에서 요구하는 능력에 부합되는 경험과 자격을 갖추고 있는가의 여부를 확인하려는 데 있다. 어느 기업이나 즉각적으로 회사에 기여할 수 있는 인재를 선발하고자 하기 때문에, 그 기업이 요구하는 경험이나 자격을 구비한 사람이 우선적으로 채용될 것이다. 즉 승무원 채용의 경우 그 업무의 성격이 처음부터 명확하게 정해져 있기 때문에, 그에 부합하는 능력을 이미 갖춘 사람을 요구할 것이다.

제2절 항공사지원서 작성

대부분의 항공사 채용은 1차 서류전형을 거치게 된다. 면접 전에 서류전형에 있는 이력서, 자기소개서를 통해 지원자의 기본적인 자료를 수집하여 지원자의 입사 의지, 인재상과 적합도, 역량 등을 객관적으로 평가하는 것이다.

국내항공사의 경우 인터넷을 통해 자체적으로 정해놓은 국문이력서 형태의 규격화된 양식이 있으므로 각 내용에 따라 기술하면 되나, 외항사의 경우 영문이력서가 반드시 필요하다.

유의할 점은 반드시 채용기업이 요구하는 직종이나 직무 중심으로 이력서를 쓰는 것이다. 기업은 당장 필요하지 않은 여유인력을 선발하여 필요할 때 활용하려는 것이 아니다. 오리엔테이션을 거쳐 곧바로 현업에서 일할 수 있는 인력을 선발하기 때문에 기업이 어떤 인력을 선발하고자 하는가를 분석하여 채용기업 입장에서 이력서를 기술해야 한다. 특히 학생시절에 어떤 특기, 활동이 있었는지, 어떤 면허, 자격을 취득했는가는 다양한 경험과 실력을 겸비했다는 데 있어서도 플러스의 평가요인이 되지만 그것이 업무상 밀접한 관련이 있는 것이라면 더 높은 평가를 받게 된다. 즉 어떤 공부를 했고 어떤 직무경험을 갖고 있으며 입사하게 되면 어떤 일을 잘 할 수 있는지를 보여야 하는 것이다. 특히 서비스직의 경우는 과거에 서비스경험이 많은 지원자에게 관심을 갖기 마련이다.

입사지원서에 부착되는 사진은 반명함판 컬러사진이 주로 사용된다. 사진은 입을 다물고 살짝 입꼬리를 올린 것과 치아를 보이고 스마일 모습을 한 사진 두 가지 중, 자신에게 어울리는 쪽으로 선택하여 촬영하도록 한다. 치아가 바르지 못하다면 입을 다물고 찍는 게 더 효과적일 것이다.

주소는 채용기간 중 연락이 가능한 주소를 상세히 기입한다. 또한 연락처가 본인의 집이 아닌 경우, 혹은 자주 집을 비워 연락이 잘 닿지 않는 경우에는 비상연락이 되는 번호를 추가로 기입하여 본인에게 피해가 가지 않도록 해야 한다. 특히, 전형기간 중 주소지가 변경되었을 때에는 인사담당자에게 연락을 하고, 채용 진행 중에는 휴대폰을 항상 소지하도록 한다.

입사지원서는 곧 면접 예상질문이다

구직자들은 우선 입사지원서에 기입한 사항이 면접 시 질문으로 나올 것에 대비해야 한다. 상당수 면접관들은 공통되는 질문을 빼놓고는 입사지원서에 나오는 전공, 가족관계, 자기소개란을 소재 삼아 질문을 하는 경우가 많다.

자신의 경력과 직무능력을 중심으로 면접관의 관심을 끌 만한 사항을 기록하여 면접관의 질문을 먼저 유도하는 것이 성공 면접의 첫걸음이다. 입사지원서에 질문의 실마리를 제대로 제공하지 못한다면 면접관은 여러 각도로 지원자를 테스트하게 되며, 이 과정에서 예상치 못한 질문을 받고 당황하게 될 수 있다.

지금까지 당신이 무엇을 해왔는가, 당신이 승무원에 적합한, 타인과 차별화된 전문적이고 경쟁우위에 있는 능력은 무엇인가 등 당신이 PR해야 할 핵심적인 부분을 중심으로 기록한다.

제3절 영문이력서 작성 시 유의사항

최근 영문이력서는 대부분 외국항공사에서 요구하고 있는데, 이 경우에는 국문이력서처럼 특별히 정해진 일정한 양식이 없다. 따라서 국문이력서와 마찬가지로 기본적인 사항들을 지키면서 자신의 개성을 살려 성의껏 작성한다. 보통, 영문이력서는 면접 시 가장 중요한 평가요소로 작용하기 때문에 본인의 이미지 결정에 막대한 영향을 미친다.

한눈에 보기 쉽게 A4용지(2장 이내)에 신입사원으로서 자신이 그 자리에 적합한 이유를 종합, 작성하는 것이 영문이력서의 핵심이라고 볼 수 있다.

특별히 자필이력서를 요구하지 않는 영문이력서는 워드프로세서로 간결하고 깔끔하게 작성하는 것이 요령이다. (회사에서 요구하는 경우 국문이력서와 마찬가지로 상단에 본인의 3개월 이내에 촬영한 컬러사진을 부착한다.)

목표로 삼고 있는 구직자리에 적합한 본인의 자질, 능력, 적성을 나타내야 하므로, 이력서에 표현할 내용들은 본인의 Skill, Qualification, Education, Certificate, Relevant, Courses, Awards, Activities, Experience, Accomplishments, References 등을 구분하여 각각 써본 다음, 자신에게 적합한 부문만을 선택·조합해서 정리한다.

대학교를 갓 졸업한 신입사원으로서 경력이 부족하지만, 자신이 학교에서 배운 교과과정이나 과외로 배운 컴퓨터 능력, 영어실력, 자격증, 개발된 자질 등을 잘 설명하여, 이 구직자리에 꼭 알맞은 사람이라는 것을 보여줄 수 있어야 한다.

자격증, 수료증을 이력서에 명시하였을 때는 자격증, 수료증을 복사하여 이력서 뒷면에 동봉한다.

대학 졸업예정자나 갓 졸업한 학생들은 그동안 받은 교육, 아르바이트 경험, 자원봉사활동, 동아리활동 등을 통해 얻은 기술이나 개인적 자질들을 잘 표현하여 작성하는 것이 요령이다. 예를 들면 대학교에서 근로학생이나 조교생활을 통하여 얻은 기술이나 자질, 특히 서류를 잘 정리한다거나 대인관계를 잘하게 되었다는 것 등을 쓸 수 있다. 또는 교내외활동을 통하여 얻은 지도력이나 자발성 등의 자질을 쓸 수도 있다.

1. 영문이력서 구성요소

영문이력서는 대략 세 가지 형식으로 분류될 수 있다. 시간적 서술, 기능적 서술, 그리고 조합형이 그것이다.

시간적 서술은 자신의 학력이나 경력 등을 시간적 순서로 나열하는 것이다. 이런 형식은 이해가 쉽고 일관성 있는 경력을 드러내기에 아주 좋은 반면 자신의 특기를 강조하지 못하는 단점이 있다. 한편 기능적 서술은 시간에 상관없이 자신이 종사한 분야별로 나열하는 것을 말하는데 이런 형식의 이력서는 해외 유학 등의 경우보다는 특수기능직에 알맞은 양식이다. 자신의 역량을 위주로 기술하는 것이라 그러한 역량을 이용하여 전업을 원하는 사람들에게 알맞은 양식이다. 일자리에 맞는 자신의 자질, 능력, 경력을 잘 표현할 수 있어야 한다. 예를 들어 어학에 소질이 있는 사람의 경우 자신이 관여한 통역이나 번역 경력 등을 통해 어학실력을 집중 홍보함으로써 그러한 어학이 쓰일 수 있는 분야, 즉 해외업무나 어학강사 등으로의 전직을 꾀할 수 있다. 이때 일한 시간적 순서는 무시되어도 좋으며 어떤 일을 했는가를 자세히 나열하는 것이 중요하다. 마지막으로 조합형은 말 그대로 위 두 가지를 조합한 것인데 사건을 시간 순으로 나열하면서 각 시간에 있었던 일을 기능적으로 서술하는 방식이다. 이 방식은 시간적 서술형과 기능적 서술형의 장점을 살릴 수 있는 반면 내용이 길어질 수 있는 단점이 있다.

영문이력서에 기술해서는 안될 몇 가지 사항들을 체크해 둘 필요가 있다. 나이, 성별, 결혼상태, 가족관계, 종교·정치적 성향, 키, 몸무게 따위는 상대회사에서 특별히 요구하지 않은 이상 쓸 필요가 없는 내용이다. 자신이 현재의 직장을 찾기 위해 얼마나 노력했는지, 얼마나 개인적인 어려움을 겪고 있는지, 또는 개인적인 취미는 무엇인지 따위는 모두 생략되어야 한다. 이러한 내용들은 불필요하게 지면의 소중한 공간을 차지할 뿐만 아니라 지원자에게 오히려 해가 될 수도 있다. 그러나 예외는 있는데 다국적 기업의 경우 해당국가의 관습과 법에 따라 이런 사항들을 요구할 수는 있다.

따라서 짧은 시간에 자신의 이력서가 채용담당자의 눈과 마음을 통해 선택되고 읽혀질 수 있도록 명확하고 매력 있게 작성되어야 한다. 자신의 이력서에 써야 할 기본사항들을 미리 생각해서 적어두면 도움이 된다. 연대 순이나 기능적인 면은 목적하는 바 대로 또는 이들을 조합하여 적절한 형태의 이력서 양식을 선택한다. 면접관들은 개인적인 부분을 알고자 이력서를 들여다보는 것이 아니며 당신이 과연 얼마나 필요한 사람인지를 측정하는 도구로서 이력서를 보는 것이다.

2. 영문이력서 작성방법

▪ Personal Identification

첫 줄 상단에 이름을 밝히고, 그 밑에 현주소나 연락처, 전화번호, 기타 인적사항을 적는다. 나이(Date of Birth)는 월, 일, 연 순으로 적고 본적과 현주소를 기재할 때는 '동·층·호, 도로명건물번호, 구(면), 시(도)' 순으로 쓰고 끝으로 우편번호를 적는다. 가족관계를 명시하고자 할 때는 'The Second girl of Gil-Dong Hong' 식으로 적는다.

▪ Educational Background

미국식 기재방식은 최종 졸업학교부터 적는 것이 원칙이나 한국식으로 과거부터 최근 순으로 기재해도 무방하다. 졸업연도와 학교 학위명을 적고 부전공과 졸업학점이 본인에게 유리하면 덧붙인다. 부전공 사항은 졸업 또는 졸업예정란 뒤에 괄호를 사용하여 'Minor is Business Administration' 등과 같이 쓰면 된다.

▪ Special Achievement

특기사항란으로 국문이력서와 마찬가지로 국가적으로 공인된 자격증이나 면허

증 발급사항을 기재한다. 참고로 영어교사 자격증을 취득한(또는 예정인) 사람의 경우라면 '(will be) Awarded Teaching Certificate of English teacher given by the Ministry of Education in 연도'라고 쓰면 된다. 한 가지 유의할 점은 영문이력서에서는 'What I did' 식의 과거형보다는 'What I can do for you'라는 표현을 쓰는 것이 좋은 인상을 남긴다.

■ Special Activities

학창시절의 특별활동사항을 기재하는 난으로 재학시절의 동아리 혹은 대내외적 활동사항을 기재하도록 한다. 기업에서는 이 난을 통해 지원자의 조직력, 협동심, 지도력 등을 파악할 수 있다.

■ Work Experience

학벌이나 자격증보다는 경력, 능력을 중시해서 채용하는 외국인 회사에 지원할 경우 가장 중요한 부분이다. 최근의 경력부터 과거로 거슬러 올라가면서 쓰되 근무기간, 회사명, 소재지, 직위, 직무내용 등을 구체적으로 적는다. 여기서 중요한 것은 기업에서 필요로 하는 업무내용과 관계없는 경력을 되도록 간소화하고 관련 있는 경력을 위주로 기술하는 것이 좋다.

■ Rewards and Punishment

교내외 행사 수상경력이나 표창경력, 상벌사항이 없으면 'None'이라고 표기하거나 항목을 삭제한다.

■ Reference

외국기업에서는 취업 시 추천인을 명시하도록 하고 있다. 추천인은 본인의 능력이나 자질을 보증할 제삼자(교수, 친척, 선배 등)의 성명, 직위, 직장, 전화번호 등을 기재하며 2명 정도가 적당하다. 추천인을 기재하기 전에 반드시 추천인의 허락을 받도록 한다.

■ Etc.

이러한 모든 사항에 대한 기록이 끝나면 국문이력서에서의 '상기의 내용은 틀림 없음'이라는 뜻의 'I here by certify the above statement to be true and correct in every detail.'과 같은 내용을 기록한 후 3행 정도 아래에 작성 연월일, 이름을 적고 이름 밑에 자필로 서명한다. 끝으로 추천서 및 기타 서류 등은 기업이 요청할 때 별도로 제출하면 되므로 'references available upon request'라고 적는다.

▸▸ 영문이력서 예문

Park Ji Hye

00, Tapdong-ro, Gwonseon-gu, Suwon-si, Gyeonggi-do, South Korea 441-440
parkjihye@hotmail.com
+82-10-1234-4321

Objective : To apply the skills I have gained through my education and work experience in a position as a flight attendant at (company name) where I can begin a successful career.

Education :

Philips College of Technology, Seoul, South Korea
Diploma in Air Travel and Tourism
Graduation date: February 2008

Seoul Girls High School, Jamsil, Seoul, South Korea
Graduation date: February 2006

Experience :

Best Stay hotel restaurant, Gangnam, Seoul, South Korea
August 2006 - September 2008

- Responsible for greeting and showing guests to seats
- Took orders from guests and served food
- Managed a staff of 6 members per shift

Savewell Department Store, Sadang, Seoul, South Korea
January 2006 - July 2006

- Greeted customers and helped with requests
- Dealt with customer complaints
- Handled cash for all purchases

Honors/Achievements :

- Volunteered in a senior citizens home for three years during high school where I learned how to care for the elderly.
- Volunteered at an orphanage during my university where I helped young children with studying and other tasks around the home.
- Won first place in an English speech contest during my final year of college.

References : Available on Request

제4절 영문 자기소개서(Cover Letter)

커버 레터(Cover Letter)란 이력서와 함께 제출하는 자기에 대한 소개서로서, 영어로는 Letter of Application이라고 한다. 이를테면 일종의 자기 PR문으로 이력서의 내용을 보완함과 동시에 채용 담당자에게 좋은 인상을 주고자 하는 의도가 담긴 글이다.

자기소개서는 이력서와 함께 채용을 결정하는 데 있어 가장 기초적인 자료로 사용된다. 이력서가 개개인을 개괄적으로 이해할 수 있는 자료라면, 자기소개서는 한 개인을 보다 깊이 이해할 수 있는 자료로 활용된다. 자기소개서는 출생부터 현재에 이르기까지의 자아형성과정을 기업체에 알리기 위하여 작성하는 목적성이 강한 글이다.

실제로 채용 담당자가 응모 서류를 받고 무엇보다 먼저 읽게 되는 것이 커버 레터이므로, 그에 대한 인상 여하에 따라 이력서까지 읽을 것인가가 결정된다고 해도 과언이 아니다. 따라서 그 역할은 이력서 이상으로 중요하다고 할 수 있겠다. 커버 레터는 이력서에 반드시 첨부되어야 하며, 커버 레터 없이 이력서만 제출하면 그것만으로도 불합격의 원인이 될 수 있다.

이력서가 본인의 전체적인 상황을 조목조목 쓰는 형식으로 전달하는 객관적인 데이터인 것에 비해, 커버 레터는 자기가 그 회사에 어떻게 얼마만큼 기여할 수 있는 인재인가를 문장으로 표현한다. 지원자의 장점, 단점, 희망, 태도, 사상, 성장배경, 교육배경, 인간관계, 의식구조, 직업관, 국가관, 종교관, 취미, 조직사회에 대한 지원자의 견해 등을 구체적으로 소개함으로써 자신이 가진 자격, 능력, 경험 등이 모집 직종에 얼마나 적합한가를 강조하고, 그 회사와 직종에 관심이 많다는 것을 어필한다.

작성할 때는 무엇보다도 지원회사의 채용취지와 인원선발에 관계된 진술이나 지원자의 능력, 자질, 포부, 지원동기 등을 명확하게 직간접으로 기술하는 것이 중요하다. 그만큼 상대방의 관심을 끌어 본인을 직접 만나보고 싶다는 마음이 생길 정도의 영어 표현력이 있어야 하며, 자기소개서 자체로서 영어실력을 평가받기도 한다.

영문 자기소개서는 한글 소개서와 조금 달리 간단하고 명료하게 작성하는 것이 좋으며, 작성 시 개인의 신상명세보다는 경력과 지망동기의 내용을 기록하는 것이 좋다. 경력을 기록할 때는 막연하게 어느 회사를 다녔다고 하는 것보다 어떤 회사의 어떤 부서에서 무엇을 어떻게 했는지 상세하게 기록하는 것이 좋다.

너무 스타일이 파격적인 것보다는 깔끔하게 작성하며, 다소 형식적이라 할지라도 영문소개서 작성하는 형식에 맞게 쓰도록 한다. 그러나 최근의 추세는 영문소개서도 너무나 전형적인 스타일보다는 조금 개성적인 것도 좋은 점수를 받을 수 있으므로 회사의 특징과 분야에 따라 여러 가지를 고려한 후 스타일을 결정하도록 한다.

1. 자기소개서에 핵심적인 PR내용을 준비하라

자기소개서는 마치 영화예고편처럼 강렬한 인상을 주는 내용이 있어야 한다. 기업의 광고를 생각해 보면 스치듯 지나가는 광고 몇 컷으로도 처음 보는 상품을 기억하게 되며, 눈길을 끄는 단 몇 초의 현수막 광고로도 어떤 기업의 서비스 상품을 기억하게 한다. 자기소개서는 개인의 광고이다. 기업이 상품을 광고하듯 이력서와 자기소개서를 전략적으로 작성하도록 한다.

솔직하고 적극적인 사고, 회사에서 필요로 하는 인재인가를 보는 기준은 자기소개서를 통해 일차적으로 평가된다. 기업은 취업 희망자의 자기소개서를 통하여 채용하고자 하는 인재로서의 적합 여부를 일차적으로 판별한다. 자기소개서를 통해 대인관계, 조직에 대한 적응력, 성격, 인생관 등을 알 수 있으며, 성장배경과 장래성을 가늠해 볼 수 있다.

자기소개서를 통해 문장 구성력, 논리성뿐만 아니라 자신의 생각을 표현해 내는 능력까지 확인할 수 있다.

인사담당자의 눈이 한 사람의 자기소개서에 머무는 시간은 10초 내외이다. 담당자가 내용의 세 줄 이상을 읽고 있다면 일단 성공한 셈이다. 그러나 항공사명을 잘못 기입했다든지 하는 사소한 실수로 감점이 되어서는 안될 것이다. 실제로 어느 지원자가 이전에 지원했던 다른 항공사서류를 수정하지 않고 제출하는 바람에 서류전형에서 불합격된 사례가 있다고 한다. 인사담당자는 자기소개서를 읽다가 시선을 끌거나 중요한 부분에 대해서는 표시해 두기도 하는데, 이는 면접 전형에서 질문의 기초자료로 활용되기도 한다.

면접 시의 답변이 자기소개서와 다르다면 지원자의 신뢰성에 큰 타격을 주게 된다. 따라서 자기소개서를 포함하여 기업에 제출한 모든 자료는 반드시 복사본을 보관하고 면접하기 전에 충분히 숙지할 필요가 있다. 특히 자기소개서에서 애매하게 표현되었거나 약점이라고 생각하는 부분에 대해서는 반드시 답변을 준비하는 것이 좋다.

2. 자기소개서 내용

자기소개서를 대개 성장과정이 어떻고 부모님은 어떤 분이시다는 등의 내용으로 작성하는 경우가 많다. 이는 이력서를 통해서도 밝힐 수 있는 내용이므로, 그보다는 다음과 같은 내용을 중심으로 기술하도록 한다.

- 담당할 업무에 관련한 지식이나 경험, 본인의 강점 및 특징
  (전공이나 업무와 관련된 자격증, 장학금 수혜, 교내 수상경력 등은 빼지 말고 기술하라. 아르바이트 경험과 봉사활동도 지원하는 업무와 관련이 있다면 빼놓지 않는다.)
- 자신의 직업에 대한 가치관
- 성격의 장단점
- 입사하게 되면 기여할 수 있는 부분 등

3. 영문 자기소개서 작성 시 유의사항

다음의 유의사항들을 참고해서 솔직하게 작성하도록 한다.

■ 자신감을 보여라

강한 자신감은 지원자에 대한 신뢰와 더불어 인사담당자의 호기심을 자극할 수 있다. 따라서 문장 전체적으로 '나를 뽑아 주십사' 하는 청유형의 문구보다는, 자신감이 흘러넘치는 문구가 좋다. 스스로 가진 능력이나 기술이 뛰어나더라도, 자신감이 없는 사람은 주목받지 못한다.

■ 과장 없이 솔직하게 작성하라

자기소개서는 객관적으로 작성해야 한다. 면접관은 객관적인 자료를 요구하는 것이지, 주관적인 얘기를 들으려는 것이 아니다. 남에게 보이기 위해서 거짓된 내용을 담아서는 안되며, 자신을 지나치게 과장하거나 미화시켜서도 안된다. 또한 이야기를 전개하기 위해 솔직성을 벗어난다든지 지나친 수식어의 사용으로 그 글의 목적이 흐려진다든지 해서도 안된다. 자칫하여, 면접과정에서 심도 있는 질문을 받다 보면 과장된 면이 드러날 수 있으므로 최대한 솔직하게 꾸밈없이 쓰는 것이 좋다.

■ 개성 있게 작성하라

인사담당자는 수많은 자기소개서를 읽어보게 되므로 남들이 흔하게 사용하는 언어, 유행처럼 어디서나 들어도 이미 식상한 어휘들은 되도록 사용하지 않는 것이 좋다. 특히 요즘은 자신과 상관없는 다른 사람의 소개서나 책에 예시된 문장들을 무작정 옮겨 적는 경우가 있는데 이것은 절대 금물이다. 독특한 나만의 것이어야 한다.

■ 간단명료하게 작성하라

해야 할 이야기는 다하되 너무 길게 늘어놓아서는 안되며, 접속사가 너무 많이 들어가지 않도록 유의하고, 같은 말의 반복을 피해야 한다. 한 문장의 길이는 2~3줄 내로 기술하는 것이 인사담당자에게 자신의 뜻을 명확하게 전달할 수 있다.

또한 읽는 동안 일상적이라 지루하다는 느낌을 받으면 안된다. 그 글을 읽고 난 다음엔 꼭 한 번 이 사람을 만나고 싶다는 느낌이 들도록 한다.

■ **여유를 가지고 작성하라**

시간적인 여유를 충분히 가지고 신중하게 작성해야 문장이 안정되고 사소한 실수가 없다. 시간 나는 대로 필요한 만큼의 충분한 양을 여유 있게 작성해 두었다가 지원하는 기업의 특성에 맞게 필요할 때마다 사용할 수 있는 준비태세를 갖추는 것도 좋은 방법이다.

마지막으로 제출하기 전에 내용을 재확인하여 작성한 내용에 착오가 없도록 한다.

- 커버 레터는 특정인에게 보내는 것이어야 한다.
- 자신의 경력과 능력에 초점을 맞추어 자신만의 개성이 담기도록 한다.
- 정확하고 적절한 영어를 사용해야 한다. (Slang이라든가 Broken English를 사용해서는 안된다.)
- 서식은 영문 비즈니스 문서의 정식 서식에 의거하여, 보기에 깨끗하고 균형이 잡힌 레이아웃이 되도록 신경을 쓴다.
- 용지는 이력서와 같은 A4 사이즈로 질이 좋은 흰 종이를 사용하여, 한 장 이내가 되도록 간결하게 마무리한다.
- 절대로 오타나 초보적인 스펠링 미스 등 실수가 없도록 작성 후 재확인한다.

4. 영문 자기소개서(Cover Letter)의 구성요소

이력서와 마찬가지로 소개서에도 일정한 스타일이 있다. 무턱대고 자기 생각을 쓴다고 되는 것은 아니다. 무엇보다 영문편지의 서식에 어긋나지 않아야 하고, 기승전결이 뚜렷하도록 내용을 전개시켜야 한다. 다음 커버 레터의 구성요소를 참고하여 조리 있게 내용을 써나가면 된다.

■ **현주소와 날짜**

현주소는 용지의 상단에 타자한다. 영어 주소는 우리와는 반대로 동·층·호, 도로

명건물번호, 구(면), 시(도), 그리고 우편번호의 순으로 적는다. 날짜는 주소 바로 밑에 오는데, 이것 역시 우리와는 반대로 월, 일, 연도의 순서가 된다.

■ 수취인

날짜 밑으로 서너 줄 비우고 좌측 끝에서부터 타자한다. 먼저 채용 담당자의 이름을 타자하고, 그 아래 그 사람의 직책, 부서명, 회사명, 주소 순으로 타자한다. 담당자의 이름을 모르면 Personnel Manager(인사담당자 앞)로 해둔다.

■ 서두(Salutation)

우리 식으로 말하면 '친애하는 ○○에게' 같은 인사말이다. 'Dear Mr. /Ms. Brown'과 같이 쓴다. 수취인의 이름에서 한 줄을 비우고 타자한다. 이름을 모를 경우에는 Dear Personnel Manager 또는 Dear Sir'/Madam으로 한다. 미국에서는 끝에 콜론(:), 영국에서는 콤마(,)를 찍는다.

■ 본문

본문은 서두(Salutation)에서 한 줄 비우고 찍기 시작한다. 본문의 내용은 도입부와 본론 그리고 끝마무리로 전개시키고 서너 단락으로 끝맺도록 한다. 각 단락의 사이는 한 줄씩 비운다.

■ 결미(Complimentary Close)

머리말인 Salutation에 대비되는 인사말이다. 미국에서는 Sincerely yours, 영국에서는 Yours faithfully가 쓰인다. 본문의 마지막 줄에서 한 줄을 비우고, 종이 하단 우측에 찍되, 위 현주소 끝보다 몇 글자 중앙 쪽으로 치우친 위치에서 끝나도록 한다.

■ 이름

Complimentary에서 서너 줄 비우고, 첫 글자가 Complimentary Close와 가지런하게 되도록 자기 이름을 타자한다. 타자한 이름 위의 빈자리에 자필로 서명한다.

▶▶ 영문자기소개서 예문

00, Tapdong-ro,
Gwonseon-gu,
Suwon-si, Gyeonggi-do, South Korea
441-440

(Company) Flight Attendant positions

September 17, 2008

To : Human Resources,

My name is Park Ji Hye and I am a 21 year old student from Anyang, South Korea. I am applying for a flight attendant position with your company as I have seen in many advertisements around my university.

I am currently a senior student of Air Travel and Tourism at (College name) in Suwon, South Korea. At this school I have had many responsibilities beyond those of my own studies. I was a student leader in our department and worked as an assistant in my department office for the past two years. I have had to work directly with our native English and Japanese professors which has helped me improve in both of those languages. I am now confident that I can speak easily with foreigners. Aside from working with those professors, I have had to overcome a lot of difficulties with students who have come to our office with administrative problems. I know now that I can deal with many problems if I just stay calm and keep on task. Through this job and my other responsibilities I have learned how to multi-task very well and I am ready to face any challenge put forth to me.

During my university studies, I was involved in intensive course work in human resources, beauty coordination, TOEIC, English and Japanese conversation, and airline reservations which I am sure will prove to be very useful in your company setting.

Outside of my school and office environment, I have been involved in a lot of volunteer work. When I was growing up through my high school days I visited a senior citizens home once a week. I spent time with the seniors and helped them with their daily routines that were difficult for them to do alone. I learned how to care for people and how to show respect for everyone. When I began my college, I started to volunteer on weekends at an orphanage for young children. At first, I was not sure how to act around them because I had not had an opportunity to work with children in the past but, before long I felt right at home and this became one of the best experiences of my life. My time volunteering helped me learn a lot about people of all ages and I feel I am now capable of working with anyone in any situation.

As a result of my background and experience, I feel I could make a positive contribution to the (company name) team. I would like to thank you for your time and I look forward to discussing the position, as well as my qualifications, further. I can be reached anytime at +82-10-1234-4321 or by email at park_jihye@hotmail.com.

Sincerely,
Park Ji Hye

English Interview for Stewardesses

3

How to Succeed in the English Interview

제1절 영어인터뷰 Know How
제2절 영어인터뷰 Start!
제3절 실전! 영어인터뷰!
제4절 상황별 요령 : 이럴 때는 이렇게!

How to Succeed in the English Interview 03

제1절 영어인터뷰 Know How

면접관은 응시자의 자질과 적성 등을 파악하기 위해 여러 가지 질문을 하게 된다. 과연 면접관이 어떤 질문을 하게 될지 응시자가 미리 예상하기란 어려운 일이다. 그러나 그 기업에 어떤 인재가 어울릴지, 어떤 인재가 기업에 이익을 가져다 줄지를 생각해 보면, 질문을 대략 예상할 수 있을 것이다. 또한 스튜어디스의 경우는 항공사별로 요구하는 인재상이 크게 다를 것이 없으므로 예상질문을 예측하기에 비교적 쉽다고 할 수 있다.

또한 질문의 내용은 일반적으로 평이하고 일정한 패턴이 있으므로 그 내용을 예상하고 미리 대답을 준비해 두면 자신을 자연스럽게 드러내는 데 훨씬 유리할 것이다.

중요한 점은 영어인터뷰 질문에는 어떤 법칙이 있는 것이 아니라 응시자가 어떻게 이끄느냐에 달려 있다는 것이다. 무엇보다 응시자가 질문과 대답을 통해 가벼운 분위기로 면접관과 즐거운 얘기를 나눌 수 있는 분위기를 만드는 기술을 발휘하는 것이 매우 중요하다. 즉 면접은 토론이 아니므로 자칫 이야기가 무거워지지 않도록 응시자 자신이 적극적으로 흥미롭고 재미있게 이끌어나가도록 한다.

실제로 영어면접은 질문을 통해 응시자의 영어능력과 함께 여러 가지 면모를 평가하려는 것이니만큼 정확한 답변을 하고자 문장과 문법에 치중하다가 주어진 말할 기회를 놓치는 우를 범해선 안된다.

1. 평소 다양한 질문에 대한 답변을 충분히 생각해 둔다

영어 면접은 영어 구사능력뿐 아니라 면접을 통해서 응시자의 모든 것을 짧은 시간에 파악하기 위한 것이므로, 면접관이 한국인이건 외국인이건 상관없이 질문 내용도 우리말 면접과 비슷한 내용으로 예상하여 미리 준비해야 실수를 줄일 수 있다.

면접 질문에 막힘없이 대답하기 위한 한 가지 기본 조건으로, 우선 자기 자신을 정확하게 아는 것이 중요하다. 막연히 쉽게만 생각했던 질문들—과연 내가 승무원을 왜 하고 싶은 것인지, 나의 어떤 점이 이 직업과 어울리는 것인지, 나의 강점과 약점은 무엇인지—에 대한 답을 처음부터 다시 꼼꼼히 정리해 볼 필요가 있다. 이러한 질문들은 승무원 면접에서 아주 기본적인 질문내용이 될 것이다.

면접은 서류상으로는 파악할 수 없는 지원자의 인간성과 업무에 대한 적합성, 커뮤니케이션 능력, 직업에 대한 열의 등을 보는 것이다. 따라서 면접상황에서는 자기만의 언어로 자기 자신을 최대한 표현해야 한다.

우선 면접관은 서류에 적혀 있는 지원자의 개인적인 정보를 바탕으로 질문할 가능성이 높다. 이는 이력서와 자기소개서에 나타난 지원자에 대한 정보를 다시 확인하기 위해서, 혹은 그 내용들을 중심으로 다양한 질문들을 통해 당신이 승무원에 적격자인지를 평가하기 위함이다.

2. 모의 인터뷰훈련을 통해 자연스러운 표현을 익힌다

여러 가지 인터뷰질문 및 다양한 상황에서의 고객응대요령을 모의면접과 역할연기를 통해 반복적으로 훈련해 보도록 한다. 혼자 해도 좋고 주위의 친구, 동료,

가족과 같이 해도 좋다.

단 답변할 내용을 절대 머릿속의 생각만으로 끝내지 말고 반드시 실제 행동과 더불어 말로 해보도록 한다.

면접질문마다 모범답안이 있을 수 있다. 그러나 면접의 형태가 필기시험과는 다른 만큼 면접분위기, 면접관, 지원자, 이 세 가지 요소가 복합적으로 얽혀 있는 상황에서 특정 모범답안을 미리 외우기보다 상황에 맞게 상식적으로 대처하는 능력을 터득하는 훈련이 필요하다. 똑같은 대답을 한다고 해도 면접의 분위기에 따라, 지원자의 태도에 따라, 또 면접관의 성향에 따라 차이가 있을 것이기 때문이다.

제2절 영어인터뷰 Start!

1. 면접시간 엄수!

정확한 면접장소와 시간, 교통편과 소요시간을 확인한다.

시간에 늦지 않기 위해서는 위치를 정확하게 파악하고 미리 교통편을 확인해 둔다. 만일 면접장소를 잘 모른다면 사전에 직접 가보거나, 가는 방법(교통편, 소요시간)을 분명하게 알아두도록 한다. 교통체증에 대비하여 가급적 대중교통편을 알아두도록 한다.

소지품은 미리 점검하여 준비해 두며, 충분한 수면으로 안정감을 유지하고 첫 출발에 대한 신선한 마음가짐을 갖도록 한다.

2. 대기실에서 이미 면접은 시작!

응시자가 많을 경우에는 별도로 마련된 대기실에서 자신의 순서를 기다리게 된다. 이때부터 미소를 잃지 않고 차분하게 기다리며 자기소개 정도의 내용을 정리해 보도록 한다. 첫인상이 인터뷰의 성공 여부를 결정짓는 중요한 역할을 하기 때문이다.

3. 자신감 있게 입장!

면접관이 이미 착석한 경우에는 면접장소에 들어설 때 가벼운 눈인사와 함께 자기소개를 간단하게 한다. 좀 더 자세한 소개는 인터뷰가 진행되었을 때 하면 된다.

이와는 달리 사전에 마련된 인터뷰 장소에 앉아 있다가 인터뷰 담당자가 들어오는 경우에는 자리에서 일어서는 것이 예의이다. 외국인의 경우 굳이 한국식으로 허리를 굽혀 인사할 필요는 없으며, 반듯하게 서서 시선을 마주보고 악수를 청하는 경우 미소 지으며 가볍게 악수하면 된다. 이때 너무 경직된 표정은 오히려 좋지 않은 인상을 줄 수 있으므로 밝은 표정을 유지하도록 한다.

4. 첫인상이 면접의 열쇠!

가능하다면 인터뷰할 상대의 이름을 알아두는 것이 좋다. 면접관도 자신의 이름을 이야기해 주는 응시자에게 좋은 인상을 받게 될 것이다. 예를 들어 면접관의 이름이 'Johnson'일 경우 그냥 "Good morning, sir."라고 하기보다는 "Good morning, Mr. Johnson."이라고 하는 것이 인터뷰를 훨씬 친근감 있게 만들어줄 것이다. 본격적인 인터뷰에 들어가기에 앞서 일상적인 간단한 인사말이 오가는 것이 일반적이며 이때 자연스럽게 호칭함으로써 면접관이 외국인이라는 긴장과 부담감을 줄이는 것이 좋다.

제3절 실전! 영어인터뷰!

1. 적극적으로 인사말을 표현하라

영어인터뷰 시 면접관들이 주로 초점을 두는 것이 '영어로 의사소통이 가능한가' 이지만, 영어능력만을 평가하는 것이 아님을 알아야 한다. 면접관들의 질문을 잘 경청하는지, 예의를 갖추고 있는지 등 면접에 임하는 자세 또한 중요한 평가 대상이 됨을 잊어서는 안된다.

인사말은 정확하고 자연스럽게 할 수 있어야 한다. 서양문화에서는 별로 대수롭지 않은 것이라 해도 고마운 감정의 표현이 몸에 밴 기본 예절일 뿐만 아니라 그 표현도 다양하다. 자기만의 생각으로 대수롭지 않은 것이니 해도 그만, 안 해도 그만이라는 태도는 절대 금물이다.

영어인터뷰에서는 사소한 부분이 결정적 차이를 만들기도 한다. 따라서 세심한 부분까지도 신경을 써야 한다. 예를 들어 "How are you?"는 거의 모든 면접관이 처음으로 건네는 인사말이다. 이에 대해 대부분의 한국 사람이 "Fine!"이라고 대답한다. 이런 평범한 대답보다는 "Great. Thank you. How about you?" 같은 대답이 면접 분위기를 좀 더 부드럽게 만들 것이며 응시자 본인도 긴장을 줄일 수 있을 것이다. 첫 인사를 나눌 때도 "Nice to meet you."보다 "I am pleased to meet you."로 말하는 것이 더 정중하다.

상대방의 호의에 대하여 적극적인 태도로 "Thank you."를 많이 사용하는 것이 바람직하다. 면접관이 "Have a seat.", "Please be seated." 하고 자리를 권하면 가볍게 "Thank you."라고 말하면서 앉는 여유도 필요하며, 면접이 끝나고 나면 면접관에게 "Thank you for your time."이라고 말하는 것도 상대방에게 좋은 인상을 남길 수 있다. (이때 'Thanks'라는 표현보다는 'Thank you'로 표현하라.)

- Thank you very much. (대단히 감사합니다.)
- How nice of you to say so! (그렇게 말씀하시니 참 고맙습니다.)

다음과 같은 표현들을 익혀두어 상황에 따라 자연스럽게 쓸 수 있도록 많은 연습을 하기 바란다.

■ 본인의 실수에 대하여

- Excuse me. I am sorry. (실례했습니다, 죄송합니다.)
- A thousand pardons for... (…해서 정말 죄송합니다.)

■ 상대방의 감사표현에 대한 응답

- You are (quite) welcome. (천만의 말씀입니다.)
- Don't mention it. (천만에요, 원 별말씀을.)
- Not at all. (뭘요.)
- It's nothing at all. (뭐 아무것도 아닌걸요.)

■ 면접을 끝내면서

- I've enjoyed talking with you.
- Thank you. It's been a pleasure talking with you.
- Thank you for your time.
- It's been very nice talking with you.

2. 유창하지 못해도 주도권을 잡고 상황을 리드하라

영어인터뷰 중에는 지원자들의 긴장을 풀어주려고 면접관이 영어로 농담을 던지며 면접을 시작하는 게 대부분이다. 이때 '조용히 웃거나 가만히 있지 말고 영어로 농담을 맞받으라'는 말도 있다. 농담에 먼저 호응하는 사람은 면접관에게 좋은 인상을 줄뿐더러 면접장 분위기를 주도해 나갈 기회도 잡을 수 있다.

특히 영어회화에 자신이 없는 사람일수록, 역으로 대화의 주도권을 먼저 쥐는 것이 중요하다. 그저 운 좋게 쉬운 질문이 나오기만을 기다리는 수동적 입장이라면 무슨 질문이 나올지 모르는 상황에서 자칫 쉬운 질문에도 대답을 못할 위험성이 크다. 이때 혹 낯선 분야의 질문이 나오면 당황하게 되므로 자신 있는 분야로 대화의 주제를 자신이 먼저 이끌고 갈 필요가 있다.

예를 들어 해외연수 경험이 있는 지원자는 거의 틀림없이 관련된 질문을 받게 마련이다. 이런 질문을 받았을 때, 어떤 식으로 대화를 전개해 나갈지 시나리오를 작성해 둔다. 또 적절한 순간에 준비한 내용과 연관 지어 말하거나 면접관에게 오히려 질문을 던져 대화를 이끄는 것도 좋은 방법이다.

3. 단답식은 금물, 흥미롭게 '대화'를 하라

응답의 내용은 간결, 명료하면서도 구체적이어야 한다. 그러나 주의해야 할 점은 이것이 취직을 위한 면접이라는 사실이다. 인터뷰 내용은 테스트이긴 하나 엄연히 사람과의 대화인 만큼 흥미로워야 한다. 사례 중심으로 현실성 있고 재미있게 이야기하도록 한다.

그러므로 영어인터뷰에서 질문에 단답식으로 대답하는 것은 바람직하지 않다. 상대와 대화를 한다는 기분을 갖는 것이 가장 중요하다.

예를 들어 외국 체류 경험에 대한 질문을 받았을 때 그 질문에만 해당하는 'Yes' 또는 'No'로 잘라 답하면 안되고, 질문에 포함되어 있지 않다 하더라도 '어느 나라에 어느 정도 체류했었고, 어떤 점이 좋았다'는 식으로 간단히 덧붙여 이야기하는 것이 좋다. 만약 해외 체류 경험이 없다면, 단순히 'No' 하기보다 '그러나 꼭 어느 나라에 가보고 싶고, 이유는 이렇다'는 내용을 말하는 것이 면접에서 좋은 인상을 심을 수 있는 방법이 될 것이다.

가령 "What do you usually do on Sunday?"(일요일에는 보통 무엇을 하는가?)와 같이 얼른 보기에는 사적인 듯한 질문도 사실은 회사나 업무의 관점에서 응시자에 관해 뭐든 파악하려고 하는 의도가 담긴 질문하는 것이라는 점을 잊지 말아야 한다. 그러므로 단순히 "Sleeping." 혹은 "Watching TV." 하는 식의 답변보다 자신의 서비스적 성향, 생활을 엿볼 수 있는 설명이 곁들여진 답변이 바람직하다.

또한 답변내용은 가급적 부정적, 비판적인 내용보다 긍정적인 내용으로 구성한다. 사람, 기업에 관해 혹은 학교생활이나 여행 등 지난 경험 등에 관해 얘기하는 경우, 재미있고 바람직한 내용들을 중심으로 답변하는 것이 서비스맨으로서의 자질을 더욱 돋보이게 할 것이다.

4. 꼬리질문을 유도하라

내가 말한 답변을 중심으로 면접관이 다음 꼬리질문을 자연스럽게 던질 수 있는 상황을 만들어야 한다. 내가 유리한 쪽으로 이끌고 가야 한다는 것이다.

왜 그렇죠? 그게 뭐죠? 어떻게? 이렇게 궁금한 사항을 유도하면서 답변하는 것이 바로 면접의 기술이다. 질문자의 요점을 찾아 정확히 대답을 하되 여운을 남겨 궁금증을 유발시키도록 하라. 그래야만 그 면접을 응시자가 리드할 수 있다.

5. 준비한 답변을 적극 활용하라

영어인터뷰 시, 예상질문을 만들어 그에 해당하는 답안을 쓴 후, 이를 줄줄 외워 오는 면접자들이 상당부분 있다고 한다. 이렇게 되면 다행히 준비한 질문에 대한 답변은 자신 있게 말할 수 있다 해도, 그 후에 이어지는 질문에서는 '입도 벙긋'

하지 못하는 불상사가 벌어지게 된다. (미리 연습한 표현도 외운 것이 아니라 생각해서 답변한다는 인상을 주도록 해야 한다.)

이를 방지하려면, 간단한 아이디어를 정리해 오되, 말할 거리에 대한 준비를 더 철저히 하도록 한다. 의외의 질문을 받게 되더라도, 받은 질문과 결부시켜서 준비했던 내용을 이어나가는 센스를 발휘해야 할 것이다.

사실 승무원면접의 질문내용은 거의 비슷하다. 또한 면접시간이 지극히 짧아 이 사람이 영어를 할 줄 아는가, 영어를 얼마나 하고 이 사람의 태도는 어떠한가를 단순한 몇 가지의 문장으로 평가하는 것이기 때문에, 영어의 몇 가지 질문형태에 대해 암기하는 방법도 좋다. 질문 10개에 대한 답변만 가지고 있어도 비슷한 질문, 혹은 비슷하지 않은 질문이라도 연관 지어 이야기할 수 있게 될 것이다.

면접관은 꼭 질문에 대한 답을 들으려고 하는 것이 아니라, 질문을 매개로 해서 응시자의 영어능력과 서비스자질 등을 파악하려는 것임을 알아야 한다. 그러므로 어느 정도 예상질문에 대한 답변을 준비했다면 꼭 그에 맞는 질문이 아니라 해도 어떻게든 연결해서 활용할 수 있도록 훈련하는 것이 중요하다.

6. 쉬운 단어로 명확하게 전달하라

기업들이 영어인터뷰를 통해 평가하고 싶은 것은 '의사소통능력'이다. 따라서 영어인터뷰 시 너무 복잡하고 수준 높은 문장을 구사하는 것보다는 흔히 듣고 쓰는 쉬운 말 위주로 간결하면서도 명확하게 표현하는 것이 중요하다. 영어실력이 좋다고 해서 장황한 답변을 늘어놓는 것은 금물이다. 또 문법을 지나치게 의식하여 머릿속에서 미리 문장을 만들어 이야기하려다 보면 흐름이 끊기게 되고 부자연스러워질 수밖에 없다. 내용을 정확하게 전달할 수 있도록 짧은 문장으로 자연스럽게 문장을 이어가는 것이 낫다.

7. 대답은 결론부터, 구체적으로 하라

답변은 결론부터 말한 뒤, 중요한 부분을 강조하거나 부연설명을 하는 방식으로 전개한다.

예상치 못한 질문, 그것도 의견을 묻는 질문에 답을 하다가 엉키고 논리가 뒤죽박죽이 되는 경우가 많다.

의견을 묻는 질문에는 차라리 Yes 또는 No, 그리고 설명할 자신만 있다면 Yes, 혹은 No로 일단 화두를 잡고 'Because…'로 시작하는 편이 좋다.

구체적으로 표현해 주지 않으면 애매한 느낌을 갖게 되기 때문이다.

8. 색다른 답변을 위해 인용, 비유를 하라

보통 승무원 영어인터뷰에서는 응시자의 성향을 알아보기 위해 '자신을 한마디로 표현해 보라'는 질문을 흔히 받는다. 이때 면접자들은 평범한 자기소개를 되풀이하는 경우가 대부분이다. 자신이 남보다 뛰어난 점을 일목요연하게 정리해 보라. 평소 자신이 생각해 온 자신의 강점을 요약해서 자신에게 맞는 하나의 단어로 소개하며 면접관의 시선을 주목시키는 것이 좋은 방법이다.

예를 들어 사물이나 동물에 본인을 비유해 본다든지, 자신의 전공분야 내용에 적용시켜 자신을 비유해 본다면 다른 응시자와는 차별화된 독특한 답변이 될 것이다.

면접관들은 하루에도 몇 천 명의 대답을 듣게 된다. 식상한 답변은 이미 귀에 못이 박히도록 들었을 것이다. 또한 흔히 '타 항공사와 지원한 항공사를 비교하라'는 질문을 받기도 하는데, 이때 타 항공사 '서비스가 어떻다'라고 평가절하하는 직설적인 비교를 하기보다, 은유적으로 비유하는 것이 더 효과적일 것이다. "A항공사가 …다면, 귀사는 …라고 생각합니다. 왜냐하면…" 이런 방식이다. 이는 평소에 생각을 많이 해두어야 가능한 표현이므로 면접관에게 충분히 좋은 평가를 받을 것이다.

9. 대답은 정중하게 하라

질문에 대한 대답은 Yes/No만으로 너무 간단하게 끝내는 것보다 "Yes, I do." 또는 "No, I don't."와 같이 하는 것이 바람직하다.

또한 'Yes'와 'No'는 분명히 구별하고 'Yeah' 등 가벼운 표현은 쓰지 않는 것이 좋다. "What would you do, if ~?"(만일 ~인 경우에는 어떻게 하시겠습니까?)로 물을 때의 대답은 "I would ~"로 시작한다. 질문에 대해 "Yes", "No" 등 One Word로 대답하지 않도록 하며, "Because…" 등으로 연결하여 반드시 설명을 붙이도록 한다.

특히 부정적인 답변에는 "I'm afraid"나 "I'm sorry"를 사용하도록 한다.

10. 자신감 있고 당당하게 답변하라

영어인터뷰에서는 얼마나 능동적으로 자신을 표현하느냐가 중요한 평가항목이다. 아주 유창하지는 않더라도 자신이 답할 수 있는 범위에서 소신껏 대답하고 자신감 있는 모습을 보여주는 게 중요하다.

영어에 자신이 없다고 소극적인 태도로 목소리를 작게 하거나 우물쭈물하는 태도는 좋지 않은 인상만 줄 뿐이다. 또한 완전히 긴장한 모습으로 의자에 딱딱하게 앉아 또박또박 대답하는 것 또한 프로답지 못하다.

영어인터뷰의 포인트는 '나는 영어에 친숙해져 있다', '난 영어에 두려움이 없다', '나는 영어로 소통할 수 있다'라는 자신감의 표현이다. 유창한 영어는 발음과 문법이 정확한 것을 뜻하는 것이 아니라, 영어에 대한 두려움을 없애고 자신의 의사를 자유롭게 표현하는 것을 말한다. 문법이 정확히 맞지 않아도 의미가 통하게 능동적으로 대처할 수 있는 사람을 원하는 것이다. '문법이 틀리면 어떡하나' 하는 생각으로 영어를 입 밖으로 내뱉지 못하는 것보다 생각하는 동안이라도 아는 단어 선에서 말해 보는 것이 중요하다.

또한 영어를 잘 못한다고 면접 시작부터 밝힐 필요는 없다. 자신의 능력을 바탕으로 성실히 임하면 되는 것이다.

11. 아이 콘택트(Eye Contact)과 스마일이 중요하다

우선, 아이 콘택트로 자신감을 보인다. 면접관과 적절한 눈 마주침을 하게 되면, 시선을 자신에게 고정시키는 효과를 얻을 수 있다. 면접관과 아이 콘택트가 되었다면 눈을 피하지 말고 더욱 환하고 따뜻한 미소로 눈으로 인사하는 것이 가장 중요하다.

또한 면접관이 다수인 경우 균등한 시간 간격으로 모든 면접관과 골고루 아이 콘택트를 시도한다.

면접질문에 심각한 내용은 전혀 없을 것이다. 면접 내내 항상 밝은 표정을 유지하며 답변해야 한다.

12. 적절한 보디랭귀지(Body Language)를 구사하라

면접에서 중요한 것으로 적절한 아이 콘택트와 함께 반응, 제스처 등의 보디랭귀지이다.

보디랭귀지를 효과적으로 사용하면 의미를 명확히 할 수 있을 뿐만 아니라 대화를 활기 있게 하고, 경직되지 않은 자기 자신의 모습에 면접관이 더욱 깊은 관심을 보이도록 할 수 있다. 그러나 말하고자 하는 내용과 상반되는 몸의 움직임은 하지 않는 것이 낫다. 자신이 말하는 내용과 동작이 일치하도록 하며 제스처가 분위기와 청중의 크기에 맞도록 사용한다. 어깨에 힘을 풀고 손은 가지런히 배꼽 밑에 허리는 꼿꼿이 세우고 엉덩이에 힘을 꽉 줘서 무릎이 붙게 한다. 머리는 말할 때 흔들리거나 앞뒤로 목을 빼지 않게 주의한다.

손동작 등 적절한 보디랭귀지를 사용하는 것도 강하게 어필할 수 있는 방법이며, 약간의 제스처로 부드러운 영어표현을 만들 수 있다.

거울을 보고 연습하거나 자신이 면접 보는 모습을 캠코더로 찍어 모니터하면 어색한 부분을 쉽게 알 수 있으며 자신감을 향상시키는 방법이다.

유의할 점은 세련된 매너를 위해서는 영어문화권의 독특한 사고방식, 습관, 에티

켓 등을 숙지해야 한다는 점이다.

예를 들어 코를 만지는 것은 거짓말을 하고 있다는 표시일 가능성이 높다고 한다. 거짓말을 하고 있다는 죄책감이 혈압을 높이고, 코의 조직을 이완시켜 히스타민을 방출시키는데 히스타민이 가려움증을 유발해 손으로 긁게 만든다는 것이다.

13. 목소리 톤, 발음, 강세, 억양을 정확히 지켜라

영어인터뷰에서는 발음이 좋아야 한다는 부담 때문에 지나치게 혀를 굴리며 발음하는 경우가 있는데 이는 오히려 역효과를 낼 수도 있다. 영어인터뷰도 면접이므로 지원자가 회사와 맞는 사람인지, 그리고 지원자의 성품과 능력을 알아보기 위한 것이다.

긍정적이고 자신감 있는 목소리 톤이 중요하며, 무엇보다 절대로 말끝을 흐리지 않는 것이 중요하다. 목소리를 작게 내거나 우물쭈물하는 것은 금물이며, 실수를 해도 당당하고 겸손한 목소리로 대답을 한다.

어두운 목소리는 첫인상을 나쁘게 만든다. '목소리는 선천적인 것'이라고 생각하는 사람도 있을 것이다. 그러나 미리부터 포기하면 잘못이다. 처음에 음침한 목소리로 말하면 끝까지 그런 식의 낮은 음성이 나오게 된다. 그러므로 의식적으로 첫 마디를 명랑하게 말하도록 하자. '성우가 아닌 이상 그렇게 할 수 없다'는 생각을 하지 말고 조금이라도 더 좋은 인상을 주게끔 노력해야 한다. 녹음기로 연습하는 것도 좋은 방법의 하나일 것이다.

억양은 우리나라 언어와 현격히 다른 부분이므로, 각별히 조심해야 한다. 특히 서비스 직종인 승무원의 경우, 억양을 살리는 것이 매우 중요하다. 자칫 억양을 고려하지 않으면, 화가 난 듯한 인상을 주기 때문에 더욱 조심해야 한다.

유창한 영어 발음보다는 관심을 끌 수 있는 도입부, 긍정적이고 자신감 있는 목소리 등이 면접관의 호감을 얻는 데 도움이 된다는 점을 명심해야 한다.

영어인터뷰를 영어실력 뽐내기로 착각하는 응시자들이 의외로 많다. 영어인터뷰에서 영어를 유창하게 구사하는 것은 발음과 문법을 정확하게 말하는 것이 전부가 아니다. 영어에 대한 두려움을 없애고 자신의 생각을 주저하지 않고 전달할 수 있는 것을 말한다. 또한 유창한 것처럼 보이기 위해 빠르게 이야기하는 것보다 한 마디 한 마디 정확하게 말하는 것이 더 중요하다. 특히 f, r, th, v 같은 발음은 꾸준히 연습하는 것이 좋다. 강세도 중요하다. 영어에서 강세는 단어의 품사를 바꾸어놓기 때문이다.

예상질문에 대한 답변을 녹음기에 녹음하고 답변을 계속 수정하면서 발음 교정을 하는 것도 도움이 된다. 인터뷰에 있어서는 자신의 의견을 상대에게 제대로 전하는 것이 가장 중요한 것으로, 발음이 다소 이상하더라도 면접관은 문맥으로 의미를 파악할 수 있다. 알아듣지 못했다면 질문을 해올 것이다.

제4절 상황별 요령 : 이럴 때는 이렇게!

1. 질문을 알아듣지 못했을 때

영어인터뷰 중에는 질문을 제대로 알아듣지 못해서 당황할 때가 있다.

회사 측에서 보면 영어인터뷰에서 평가하고자 하는 것이 영어만이 전부라고 말할 수는 없다. 특히 승무원과 같은 서비스직종의 경우 회사가 기대하고 있는 것은, 커뮤니케이션 능력도 다루면서, 실제로 서비스업무를 잘 해나가기 위한 의욕, 경험, 지식, 그리고 가능성이다.

업무를 잘 수행하는 데 있어 영어는 하나의 도구가 되는 것이며, 입사하고 나서 영어능력을 향상시킬 수도 있을 것이다. 그러므로 상대방의 말을 제대로 파악하지 못했다면 당황하여 짐작해서 대답하지 말고 그 즉시 다시 묻도록 한다. 생각하는 척하다가 "What?"이라든가 "What did you say? I'm sorry..." 하고 천연덕스럽게 물어보면 면접관에게 불쾌한 인상을 주게 된다.

면접 때는 무엇보다 엉뚱한 답변을 하는 실수를 하지 않도록 면접관의 질문 요지를 잘 파악하는 것이 중요하다. 반드시 질문자의 의도를 확실히 알아낸 후에 대답하도록 한다. 면접이 상당히 진행되었을 때 한두 마디의 말을 알아듣지 못했다면 "Pardon, sir."라고만 해도 좋다. 물론 어느 경우에나 말끝을 올려야 한다.

- I beg your pardon, sir.
- I'm sorry, sir, but I didn't hear you.
- Would you mind repeating that for me, sir?
- Pardon me? (2초 이내의 짧은 간단한 문장을 놓쳤을 때)
- Could you say that again? (보통 길이의 질문을 못 알아들었을 때)
- Sorry, I don't follow you. (제법 길어서 듣다가 놓쳤을 때)
- Sorry, I still don't get it. (다시 설명해 주었는데도 놓쳤을 때)
- I am not sure that I understand you. (여전히 못 알아들었을 때)

계속 못 알아듣는 안타까운 상황이 되면 차라리 알아들은 부분을 가지고 확인을 해본다.

- You mean...
- You said...

단어나 발음을 알아듣지 못했거나 문장이 어려워 질문의 내용을 정확히 이해하지 못했을 때는 "No"라는 대답보다는 "I'm afraid…"라는 대답을 하고, "I am sorry I couldn't follow you."라고 하면 된다.

2. 대답하기 어려운 질문을 받았을 때

대답하기 어려운 질문을 받게 되면 누구나 머뭇거리게 되는 게 보통이다. 그러나 혼자 답변을 준비하는 동안 질문을 한 면접위원에 대해 전혀 반응을 나타내지 않는다면 면접위원은 응시자가 질문을 전혀 알아듣지 못했거나 대답하고 싶지 않은 것으로 판단해 버리고 다른 질문을 진행할지도 모른다.

그러므로 대답을 하겠다는 의도를 어떠한 형태로든 명확히 해야 할 필요가 있다.

우선 잠자코 있지 말고 'er…'이라고 하면서 대답할 말을 찾고 있음을 보여야 한다. 또한 완전한 문장을 만들려는 생각에 간격을 너무 두어서는 안된다.

적어도 문장의 첫 부분 정도는 말하고 난 후 간격을 두어야 상대방은 대답이 끝날 때까지 기다려줄 것이다. 즉 대답이 잘 생각나지 않을 때는 더듬거리며 불필요한 말을 꺼내기보다는 "Well…"이라고 약간의 시간을 준 뒤 차분하게 대답하도록 한다. 답변이 곤란한 경우 "It's hard to define in a word. It's difficult to explain briefly." 등으로 답할 수 있다.

3. 양해를 구해야 할 때

- If you don't mind...,
- If you don't care...,

4. 영어표현이 안 떠오를 때

면접 도중에 실수를 하게 되더라도 미리 낙심하지 말고 끝까지 최선을 다해 답변하는 자세가 중요하다. 어떤 경우 의도적으로 불쾌한 감정을 자극하는 질문을 던지기도 한다.

대답이 떠오르지 않을 때에는 머뭇거리는 것보다 "Can you give me a second?"(잠깐만 기다려주세요.)라고 말하는 게 좋다. 중요한 것은 대답하지 못할 것에 대비하여 그것까지도 영어로 준비해 놓아야 한다는 것이다.

누구나 다 할 수 있는 "I'm sorry." 이러한 문장은 삼가고, 구체적인 대답을 준비해 놓는 것이 좋다. 또한 영어인터뷰를 할 때, 우리말을 섞어서 하는 것 역시 금물이다. 따라서 자신이 답변할 수 있는 범위 안에서 자신감 있는 모습을 보여주는 것이 중요하다.

5. 상대방의 말에 맞장구를 칠 때,

영어로 대화할 때, 상대방의 말에 대해서, "Um, hm"이라고 맞장구를 치는 것은 우리말의 '아… 네…', '그렇지요.' 같은 것으로서 대화를 부드럽게 연결시켜 주는 역할을 한다.

이와 같은 표현들을 남발하는 것은 좋지 않으나, 적절할 때 사용하면 대화의 분위기상 좋은 효과를 줄 수 있다. 즉 면접관이 말하는 데 도중에 말을 가로막지 않고, 경청하며 적당히 맞장구를 치는 것이 좋다.

- That's just right. (그렇고말고요.)
- I think so.
- I understand, is that so (right)? 등도 같은 표현이다.

  그러나 '맞장구'를 치는데, You know! You guys! Yap! Uha! Oh, really! 등은 좋지 않다.

이제부터는 다음 장에 나오는 면접에서 빈번하게 출제되는 기출문제와 답변들을 잘 읽어 보고 자신에게 알맞은 답변을 준비하기 바란다.
외운 답이 아니라 자신의 생각을 이야기한다는 느낌으로 각 예상문제에 대한 답변을 연습한 후, 녹음기에 녹음하고 들어보라.
또한 질문과 연이은 꼬리질문들의 내용까지 미리 파악하여 첫 번째 질문에 답할 때 응시자가 예상 꼬리질문이 나오도록 예상하여 언급하면서 면접을 리드하는 것이 성공면접의 비결이라고 할 수 있다.

4

Interview Questions : What would you say?

Interview Questions : What would you say? 04

제1절 Warm up

면접관은 응시자가 긴장을 풀고 좀 더 편하게 말할 수 있는 환경을 만들어줌으로써 응시자의 성격, 인성 그리고 서비스맨으로서의 자질을 이끌어내려고 한다. 특히 면접 경험이 풍부한 면접관이라면 이 점을 염두에 두고, 응시자의 개인신상, 경력 등 이력서상의 정보를 참고로, 면접을 시작할 때 보통 가벼운 질문부터 시작한다.

응시자의 입장에서는 면접 전에 잔뜩 긴장하고 있다가 단순히 이름의 의미를 묻는다거나, 몇 시에 일어났나… 하는 질문이 의외로 받아들여질지 모르나 비교적 쉽게 말문을 열 수 있는 고마운 질문이라고 생각하는 것이 좋다. 그러나 이것도 한 가지 질문이므로 무성의하거나 장난스러운 답변은 금물이다. 특히 질문의 성격이 무겁지 않은 내용일수록 더욱 충실하고 신중하게 답변해야 한다. 첫 질문에 여유 있게 답할 수 있다면 그 면접의 성공확률은 매우 높다고 볼 수 있다.

Q **Can I have your name and number, please? / May I have your name please?**

이름과 수험번호를 말해 주세요. / 당신의 이름은 무엇인가요?

A Yes, it's Yoon Ji Young. My application number is ○○○. My parents named me after my grandmother.

네. 윤지영입니다. 저의 수험번호는 ○○○입니다. 부모님이 할머니의 이름을 따서 제 이름을 지어주셨습니다.

write yourself

Q What is the meaning of your name?

이름의 뜻이 무엇인가요?

A My name is Choi Eun Ji and my name was given to me by my grandparents. Eun means kindness and goodness while Ji means intelligence. They gave me this name hoping that I would grow up to resemble the qualities my name represents.

제 이름은 최은지이고, 조부모님께서 지어주셨습니다. '은'은 친절함과 착함, '지'는 지성을 뜻합니다. 조부모님께서는 제가 이름의 의미처럼 자라기를 바라시면서 지어주셨습니다.

My name is Lee So Youn and my name means bright hero. My parents gave me this name. I think they were hoping that I would grow up to be an amazing person that has a powerful effect on everyone.

제 이름은 이소윤이고, 부모님께서 모든 사람들에게 영향을 미칠 수 있는 훌륭한 사람으로 성장하길 바라시면서 지어주셨습니다.

write yourself

Q How are you? / Are you ok? / Are you tired? / Are you nervous?

기분이 어때요? / 괜찮아요? / 피곤한가요? / 긴장되나요?

A I am good. I am nervous, of course, but I am also excited about the opportunity to be here and have this interview. I really feel like I am getting closer to reaching my dream.

네, 좋습니다. 사실 좀 긴장되긴 하지만, 지금 이 자리에서 인터뷰를 할 수 있는 기회가 생겨서 매우 흥분됩니다. 저의 꿈에 좀 더 가까이 다가갈 수 있을 거라고 생각합니다.

write yourself

Q What time did you go to bed last night?

어젯밤에 몇 시에 잤나요?

A I went to bed quite early because I wanted to get a good sleep for my interview today but after I got into bed I couldn't sleep because I was too excited. I kept thinking about the questions I may be asked.

오늘 인터뷰를 위해서 일찍 잠자리에 들었습니다. 하지만 너무 긴장이 되어 잠을 잘 자지 못했습니다. 예상질문에 대해서 생각해 보았습니다.

write yourself

Q **What time did you get up this morning?**

오늘 아침에 몇 시에 일어났나요?

A I got up very early because I wanted to make sure I was very well prepared for today. It also takes me a long time to get here so I had to leave my home early. I really didn't want to be late.

오늘 준비를 하기 위해 아침 일찍 일어났습니다. 또 여기까지 오는데 꽤 오랜 시간이 걸리기 때문에 늦지 않으려고 집에서 일찍 나왔습니다.

write yourself

Q **Are you comfortable with wearing our uniform?**

우리 회사의 유니폼을 입는 것이 편합니까?

A I have had to wear a uniform all through my university in order to prepare myself for a job in the service industry. I would not have a problem at all with wearing a "○○ Air" uniform. It is also very attractive so I am sure some candidates look at this as a benefit.

저는 학교 다니는 동안에 서비스직에서 일하기 위한 준비를 위해서 항상 유니폼을 입었습니다. 그래서 귀 항공사의 유니폼을 입는 데 전혀 문제가 없습니다. 또한 귀사의 유니폼은 매우 매력적이라서, 다른 지원자들도 이것을 장점으로 생각했을 거라고 확신합니다.

write yourself

Q **What did you do before you came in today?**
오늘 오기 전에 무엇을 했나요?

A I woke up early to get prepared for my interview. I went over my notes about your company and tried to anticipate the questions I would be asked.

오늘 인터뷰 준비를 위해서 일찍 일어났습니다. 귀사에 대한 자료들을 검토하고, 제가 받을 수도 있을 질문에 대해서 예상해 보려고 노력했습니다.

write yourself

Q **What time did you come in?**
여기 몇 시에 왔나요?

A I left my home early so that I would be sure that I would be here early. I arrived about an hour before the interview was scheduled. I didn't mind because it gave me time to relax before we started.

오늘 여기에 일찍 도착하려고 집에서 일찍 나왔습니다. 인터뷰가 시작되기 1시간 전쯤에 도착했습니다. 인터뷰가 시작되기 전에 마음을 편안히 하기 위한 충분한 시간을 갖기 위해서입니다.

write yourself

Q

Did you come in alone?

혼자 왔나요?

A

Yes I did. My mother wanted to come in with me today but I asked her to stay home because I thought it would be more stressful with her waiting outside. She understood me and decided to stay home.

네, 혼자 왔습니다. 어머니는 저와 함께 오길 원하셨는데, 어머니가 저를 기다리는 것을 생각하면 신경이 쓰일 것 같아서 그냥 집에 계시라고 했습니다. 어머니는 저를 이해하시고 집에 계시기로 했습니다.

write yourself

Q

What did your parents say to you this morning?

오늘 아침에 부모님이 어떤 말씀을 해주셨나요?

A

Both of my parents are very supportive of me and my dreams so they wished me good luck and told me to do my best. They know I have worked very hard through my school years to reach this point in my life. They encouraged me to do my best.

부모님 두 분 다 저와 저의 꿈을 매우 지지해 주십니다. 그래서 오늘 저에게 행운을 빌어주시고 최선을 다하라고 말씀하셨습니다. 부모님은 제가 오늘을 위해 학교생활 동안에 열심히 준비해 왔다는 것을 아십니다. 부모님은 오늘 제가 최선을 다하도록 격려해 주셨습니다.

write yourself

Q

Did you have breakfast today? / What did you have? / Who did you eat with?

오늘 아침은 먹고 왔나요? / 무엇을 먹었나요? / 누구와 함께 먹었나요?

A

Yes, I have breakfast every morning. I usually eat rice and soup, or toast. My father always goes to work early so I usually eat with my mom and we talk about the things we have to do that day.

네, 저는 항상 아침을 먹습니다. 보통 밥과, 국 또는 토스트를 먹습니다. 아버지는 항상 일찍 출근하시기 때문에 보통 어머니와 함께 밥을 먹으면서, 오늘 해야 할 일들에 대해서 얘기합니다.

write yourself

Q

How long does it take to get here from your home? / How long did it take you to get here? / Can you tell me how you got here?

집에서 여기까지 오는 데 얼마나 걸리나요? / 집에서 여기까지 오는 데 얼마나 걸렸나요?

A

It took me about an hour to get here today. I would have been here sooner but I had to wait a long time for my bus.

오늘 여기까지 오는 데 약 1시간쯤 걸렸습니다. 여기 좀 더 일찍 올 거라고 생각했는데, 버스를 기다리는 데 오랜 시간이 걸렸습니다.

It took me almost two hours to get here. I had to take a bus, then get on a subway and travel across town. It's a long trip.

여기까지 오는 데 거의 두 시간 정도 걸렸습니다. 버스를 타고 또, 지하철을 타고 마을을 여행하는 것 같았습니다. 긴 여정이었습니다.

write yourself

제2절 Introduction : About Yourself

인터뷰는 처음이 매우 중요하다. 가장 먼저 묻거나 요구하는 자기소개에 대한 답변에서부터 좋은 인상을 심을 수 있도록 해야 한다. 무엇보다 자신에 대한 기본적인 사항들은 영어로 간단히 말할 수 있어야 한다. 자신의 신상에 관한 질문들이므로 가장 쉽게 생각되면서도 답변하기엔 어려울 수도 있다. 솔직하고 편안한 마음으로 답하되 단순한 질문이라도 직업과 관련하여 자신의 강점을 드러낼 수 있도록 성실히 답변해야 한다.

"Tell me about yourself."라는 질문에 "My name is…"로 시작하여 태어난 장소, 학교와 나이 등 천편일률적인 내용을 말하는 것은 바람직하지 않다. 그보다는 성장 배경, 전공, 승무원에 맞는 사회 경험, 경력, 특기 등을 중심으로 간단하게 설명하면서 핵심적이고 인상적인 내용으로 준비하도록 한다. 어느 항공사를 지원해도 자기소개는 기본적인 질문이므로 1분을 넘기지 않는 간결한 표현으로 최대한의 자신을 소개할 수 있는 방법을 강구해 보자. 면접관이 자신이 말한 내용 중에서 관심을 갖고 꼬리질문을 한다면 일단은 성공이다.

Q **Would you please tell me something about yourself?**

자신에 대해서 소개해 줄 수 있나요?

A Yes, sir. My name is Kim, Hee-Jin. I am 21 years old and live in Suwon.

I am a sophomore college student. (I graduated from ○○○ University in the winter of 2008.)

I am quite diligent. When I was in high school I was involved in a lot of extra curricular activities such as the school newspaper and the broadcasting club. In college I continued to do extra work around campus and was involved in many things. Through all of my schooling I never missed a day because of sickness and I kept high grades despite all of my extra activities.

네. 제 이름은 김희진입니다. 21살이고 수원에 살고 있습니다.
저는 대학교 2학년생입니다.(2008년 겨울에 ○○○대학교를 졸업했습니다.)
저는 매우 부지런합니다. 제가 고등학생일 때, 학교신문부, 방송부와 같은 많은 과외활동에 참여했습니다. 대학교 때는 캠퍼스 주변에서 특별활동을 계속했었고, 많은 일에 참여했습니다. 학교생활 동안에는 아파서 결석한 적이 한번도 없어서 많은 특별활동을 했음에도 불구하고, 높은 성적을 받았습니다.

My name is Mi-So, Lee. I'm 20 years old and live in Seoul. I attend ○○○ University. My philosophy on life is living faithfully and doing my best in everything. I get along well with others. I have studied hard to get the knowledge, skill and attitude needed to become a successful stewardess.

제 이름은 이미소입니다. 저는 20살이고 서울에 살고 있습니다. 저는 ○○○대학에 다닙니다. 저는 다른 사람들과 잘 어울립니다. 제 인생철학은 모든 것에 있어서 성실하게 최선을 다하자는 것입니다. 저는 승무원이 되기 위해 필요한 지식과 기술, 자세 등을 열심히 익혀왔습니다.

write yourself

Q

When were you born?

언제 태어났나요?

A

I was born in March, 1989. (I was born in 1989 on March 19th.) I think that since I was born in the spring I really like that time of year. Flowers are blossoming and I always feel so happy.

1989년 3월에 태어났습니다. 제가 봄에 태어났기 때문에 일년 중 이때를 가장 좋아합니다. 꽃이 피는 계절이므로 언제나 행복하게 느껴집니다.

write yourself

Q

Where were you born? / What is your birthplace?

어디에서 태어났나요? / 태어난 장소는?

A

I was born in Daegu which is far away from Seoul and Suwon where I went to school. My home is in a small town with not a lot to do around it. I always enjoy going home to visit so I can see my friends and spend time with my family.

저는 대구에서 태어났습니다. 대구는 서울과 제가 다니는 학교인 수원과도 매우 먼 위치입니다. 저희 집은 번화가가 아닌 작은 도시였습니다. 저는 제 친구들과 가족들과 시간을 보낼 수 있어서 집에 가는 것을 항상 좋아합니다.

write yourself

Q

Tell us about your last birthday. What did you do?

지난번 생일에 대해서 말해 보세요. 무엇을 했나요?

A

My last birthday was really special. I was bored all day and thought everyone had forgotten about me but when I came home from work all of my friends and family were in my apartment and they had prepared a big surprise party for me. It is a day I will never forget.

지난 생일은 매우 특별했습니다. 매일이 지루했고, 모든 사람들이 제 생일을 잊었다고 생각했는데 제가 집에 왔을 때 모든 저의 친구들과 가족들은 우리 집에 있었고, 그들이 나를 위해서 큰 깜짝파티를 준비해 줬습니다. 제가 절대 잊을 수 없는 날입니다.

write yourself

Q

How tall are you?

키가 몇인가요?

A

I am 165 centimeters tall. I know you may think I am a bit short but I will make up for that through my energy and enthusiasm.

165cm입니다. 제가 약간 작다고 생각하실지 모르겠지만, 저의 에너지와 열정으로 그것을 채울 수 있습니다.

I am 170 centimeters tall. I can easily reach the overhead bins in an aircraft. I think being tall is helpful to work as a flight attendant.

170cm입니다. 비행기 선반에도 쉽게 닿을 수가 있습니다. 키가 크다는 것은 승무원으로 근무하는 데 도움이 될 수 있다고 생각합니다.

write yourself

Q

Do you know your blood type?

혈액형은?

A

My blood type is O which is supposed to mean I am an energetic and confident kind of person. I tend to agree with this because I always think I can succeed if I keep my mind on things.

혈액형은 O형입니다. O형은 에너지 넘치고 자신감 있는 사람이라는 것을 의미합니다. 저 또한 제가 마음을 먹으면 성공할 수 있다고 생각하기 때문에 맞는 것 같습니다.

write yourself

Q What is your present address? / Where do you live?

현재 주소는? / 어디에서 살고 있나요?

A I currently live near Sadang station in Seoul. It is a great location because I can easily take the subway anywhere in Seoul and also there are so many buses there. I used to go to school in Suwon so Sadang was a great place because there was a direct shuttle bus to my College. It only took me about an hour.

저는 현재 서울에 있는 사당역 근처에 살고 있습니다. 이곳은 서울 어느 곳이나 쉽게 지하철을 타고 갈 수 있고, 많은 버스가 있기 때문에 좋은 위치라고 생각합니다. 저는 수원에 있는 학교에 가기 위해서 버스를 탔었는데, 사당은 학교까지 가는 직행셔틀버스가 있어서 좋은 장소였습니다. 한 시간밖에 안 걸렸습니다.

I was born in Seoul and my family moved from Seoul to Bundang. I live in Bundang now. Bundang is good place to live because there are many parks and shopping malls. Most of all traffic is very convenient.

저는 서울에서 태어났습니다. 제 가족은 한번 서울에서 분당으로 이사를 했습니다. 그래서 지금 분당에서 살고 있는데 분당은 살기 좋은 동네입니다. 왜냐하면 많은 공원과 쇼핑센터가 있고 교통도 매우 편리하기 때문입니다.

write yourself

Q

How long have you lived there?

거기서 얼마나 오래 살았나요?

A

I have lived there now for three years. I moved there when I started studying in college and I have lived there ever since. Rent is a bit high but the convenient location makes it worth it to me.

3년 동안 지금 여기에 살고 있습니다. 대학교에 들어오면서 여기로 이사했고, 그 이후부터 여기에 살고 있습니다. 집세는 약간 비싸지만, 편리한 위치는 저한테 더 중요한 것 같습니다.

write yourself

Q

Where did your family live when you were young?

어렸을 때 가족은 어디에서 살았나요?

A

My family lived just outside of Seoul, in Yongin when I was young but when I was 12 we moved to Seoul for my fathers job. At first I didn't want to go because I was afraid to leave all of my friends. After a short time in my new school I fit right in and made many new friends.

우리 가족은 제가 어릴 때 서울에서 약간 떨어진 용인에서 살았습니다. 그런데 제가 12살이었을 때 아버지 직장 때문에 서울로 이사를 했었습니다. 처음에 저의 모든 친구들을 떠나야 하는 두려움 때문에 가고 싶지 않았지만, 시간이 좀 지나고 난 후, 새로운 학교에 적응했고, 많은 친구를 사귀었습니다.

write yourself

제3절 Family

그 사람이 지금까지 성장한 가정환경이 그 사람의 생에 막대한 영향을 끼쳤을 것이라는 점은 두 말할 필요가 없을 것이다. 면접관은 응시자가 어떠한 가정환경에서 태어나 어떻게 성장해 왔는지를 알고 싶어 한다. 그러므로 가족사항에 대해 답변할 때는 단순히 가족이 몇 명인지를 말하고 끝내지 말고 가정의 분위기나 특징에 대해 덧붙여 이야기하는 것이 효과적이다. 가정의 분위기를 어떻게 설명하느냐 하는 점도 응시자의 노력 여하에 따라 달라질 수 있는 능력인 것이다.

예를 들어 아버지의 직업에 대한 질문이라면 단지 직업이 궁금하다기보다 응시자가 어떻게 그 질문에 대한 답을 말하는가를 들어보려고 하는 것이다. 그런데 단순히 'employee'라고밖에 대답하지 못한다면, 당신은 답변할 좋은 기회를 잃는 것이 된다. 어떠한 질문에 대한 답변에도 간략히 설명을 덧붙이는 것이 좋다.

또한 가족이야기가 나올 경우 거창한 문구가 아니더라도 가정 내에서 중요하게 여기고 있는 내용을 간략히 설명하거나, 가족 소개를 통해 자연스럽게 자신의 위치를 설명하며, 가족구성원별로 특징적인 설명을 재미있게 덧붙이는 것이 좋다. 가족에 대한 애정과 관심이 깊은 사람이야말로 기내에서 승객에게 세심한 친절을 보일 것이라고 생각할 것이다.

Q

Tell me about your mother.

어머니에 대해서 말해 주세요.

A

My mother is my best friend. When I have a problem I usually talk with my mother. My mother wants me to be an independent career woman and she gives me a lot of freedom.

어머니는 저의 최고의 친구입니다. 제가 문제가 있을 때에는 보통 어머니와 함께 이야기를 합니다. 어머니는 제가 능력 있는 커리어우먼이 되길 원하시고, 저에게 많은 자유를 주십니다.

write yourself

Q

What is your fathers' job?

아버지의 직업은 무엇인가요?

A

My father works for a large insurance company on the west side of Seoul. He says he enjoys it but sometimes I don't believe him because he always looks so tired.

아버지는 서울의 서쪽에 있는 큰 보험회사에서 일하십니다. 아버지는 자신의 직업을 즐긴다고 말씀하시지만, 아버지가 항상 지쳐 보이시기 때문에 가끔 저는 그 말씀을 믿지는 않습니다.

He is an engineer. He is the person whom I respect the most in the world because he is a professional in his field. I love my parents and always give thanks to them.

아버지는 엔지니어입니다. 아버지는 자신의 영역에서 전문기술을 갖고 있기 때문에 제가 가장 존경하는 사람입니다. 저는 부모님을 사랑하고 항상 감사하게 생각합니다.

write yourself

Q

How many members are in your family? / How many people are in your family? / Would you tell me about your family?

가족은 몇 명인가요? / 가족에 대해 말해 주세요.

A

There are four members in my family. They are my father, mother, older brother, and I. I feel I am so lucky because my parents have always lived happily together. I have never even seen them argue. My older brother and I grew up always arguing but now that we are older and more mature we get along well and he supports me in my dream. My family and I don't see each other as much anymore because I don't live with them, I have to live away because of my school.

우리 가족은 네 명입니다. 우리 아버지, 어머니, 오빠, 그리고 저입니다. 우리 부모님은 항상 함께 행복하게 사시기 때문에 저는 정말 운이 좋다고 생각합니다. 부모님이 다투시는 것을 한번도 본 적이 없습니다. 우리 오빠와 저는 항상 다투면서 컸지만, 지금은 우리는 성장했고 좀 더 성숙해져서 잘 어울려 다니고 오빠는 저의 꿈에 대해서 지지해 줍니다. 지금은 학교 때문에 떨어져서 살아야 하기 때문에 우리 가족과 저는 많이 보지는 못합니다.

write yourself

Q

What is a bad thing about being the youngest?

막내의 단점이 무엇인가요?

A

I think, at times, it was hard growing up as the youngest because I always saw my older brother doing things and going places. I was always told I was not allowed because I was too young. Even when I got older I was still told by my parents I was not allowed to do a lot of things. I think they told me this because, to them, I was still their little girl.

저는 항상 오빠가 자유롭게 무언가를 하고 어디든지 가는 것을 보기만 해야 하는 것이 막내의 단점이라고 생각합니다. 제가 너무 어리다고, 부모님은 제가 무언가를 부탁할 때 허락해 주시지 않았습니다. 심지어 제가 성장했을 때도 부모님은 제가 여러 가지를 하는 것에 대해 허락해 주시지 않았습니다. 부모님은 아직까지도 제가 어린 소녀처럼 느껴진다고 말씀하셨습니다.

write yourself

Q

What is a good thing about being the youngest?

막내의 장점은 무엇인가요?

A

I think it's a bit wrong to say but I enjoyed growing up as the youngest because I was always spoiled and treated like the baby in the family. This made me always feel special. Sometimes this made my brother so angry at me.

이것은 좀 부정적일 수도 있습니다만, 저는 항상 응석받이였고, 가족 중에서 아기처럼 여겨져서 어리다는 것을 즐겼습니다. 이런 것이 항상 저를 특별한 사람처럼 느끼게 해주었습니다.

write yourself

Q

Do your parents want you to become a flight attendant?

부모님은 당신이 승무원이 되는 것을 원하십니까?

A

When I first began talking about becoming a flight attendant my parents did not like the idea and tried to discourage me from pursing it as a career. They didn't want me traveling all over the world and they were worried about me. As time went on they began to realize I was not going to change my mind so they started to accept my decision. Now, they are my two biggest supporters and they do whatever they can to help me succeed.

처음에 제가 승무원이 되고 싶다고 말씀드렸을 때, 저희 부모님은 좋아하지 않으시고 직업으로 그 일을 하는 것을 말리셨습니다. 또 제가 세계 여러 곳으로 여행하는 것을 원하지 않으셨고 걱정하셨습니다. 시간이 지나서 제가 마음을 바꿀 생각이 없다는 것을 알았을 때 부모님은 제 결정을 인정해 주시고 지금은 가장 큰 후원자이시고 제가 성공할 수 있도록 무엇이든지 도와주십니다.

write yourself

Q Do you spend a lot of time talking with your family?

가족들과 대화를 많이 하는 편인가요?

A I used to spend so much time talking with them. We ate meals together all the time and caught up on each others lives. Now that I live farther away I only get to see them on weekends or holidays. This is tough for me but I try to talk to them on the phone at least three times a week. My mom and I are very close so I tell her everything.

저는 부모님과 이야기하는 데 많은 시간을 보내는 편이었습니다. 항상 함께 식사를 했고, 각자 일상에 대해서 대화를 나누었습니다. 지금은 가족과 떨어져서 살기 때문에 주말이나 휴일에만 그들을 볼 수 있습니다. 이것은 힘든 일이지만, 일주일에 최소한 세 번 정도는 전화로 연락을 하려고 합니다. 어머니와 저는 매우 친해서 어머니한테 모든 것을 얘기하곤 합니다.

write yourself

Q What do you do with your family for entertainment?

가족과 여가시간을 어떻게 보내나요?

A I usually meet my family on weekends and we spend all of our time together. Sometimes we go to the Han River for picnics and other times we'll go to see a movie together. My favorite times with them are when we go away to the sea. I love being at the sea with them; playing in the ocean and eating fresh seafood.

저는 주말에 가족을 만나서 함께 시간을 보냅니다. 때론 한강으로 소풍을 가거나 영화를 보러 갑니다. 가장 좋은 시간은 가족들과 함께 바다에 가는 것이라고 생각합니다. 가족과 바다에서 즐기고, 신선한 해산물을 먹고, 바다에서 시간을 보내는 것을 가장 좋아합니다.

write yourself

03 Family

제4절 University / College Major

대학 재학 중이거나 최근 졸업한 지원자라면 전공에 관한 질문을 자주 듣게 되므로 우선 자신의 전공 과목 정도는 간략하게 설명할 수 있도록 준비한다. 학문적으로 어렵게 말할 필요가 없다. 학교라는 신변적인 화제를 활기 있게 이야기할 수 있는 기회를 얻었다고 생각하고 흥미롭게 학창시절을 소개한다면 '이런 사람이 좋다'라는 심리가 면접관에게 느껴지는 것은 당연한 일이다.
전공과 관련된 질문은 전공 학부를 선택한 이유나 교육내용, 재학 중 활동 등이 중심이 되는데, 학교 교육을 통해 익힌 지식을 업무에서 어떻게 살릴 것인가에 대해서도 흔히 질문한다.
특히 항공관련 전공을 한 응시자는 이때 자신의 판단으로 학교를 선택했던 것이나, 구체적인 장래 목표를 이루기 위해서 준비한 내용, 학교에서 익힌 지식과 기술을 업무에서 살려나갈 것 등에 대한 대답을 미리 준비해 둔다.

Q **What school did you graduate from?**

어느 학교를 졸업했나요?

A I graduated from ○○○ College this past February. I learned lots of useful knowledge and skills for this job at college. I worked really hard in my major and succeeded in all my courses. I was also involved in a lot of extra curricular activities around my college campus. This time in my life is one I will never forget.

지난 2월에 ○○○대학을 졸업했습니다. 저는 학교에서 이 직업을 위한 많은 지식과 기술을 배웠습니다. 저는 전공공부를 열심히 했고, 모든 과목에서 좋은 학점을 받았습니다. 학교 캠퍼스 주변에서의 많은 과외활동에도 참여했었습니다. 제 인생에 있어서 이때는 잊을 수 없는 소중한 시간이라고 생각합니다.

write yourself

Q What is your major?

전공은 무엇인가요?

A My major is Air Travel and Tourism. I think it is a very valuable major because I had to take courses ranging from English and Japanese to Air Ticket Reservations and Beauty Coordination. I learned a lot in my studies and am confident that I will be successful.

제 전공은 항공관광학입니다. 저는 영어, 일본어에서부터 항공예약과 이미지메이킹까지 많은 과목을 배웠었고, 유용한 전공이라고 생각합니다. 그러한 공부를 통해 많은 것을 배웠기 때문에 성공할 수 있을 거라는 자신감이 있습니다.

write yourself

Q Why did you choose to attend ○○○ University / College?

왜 ○○○대학교를 선택했나요?

A I chose to attend ○○○ college/university because of the research I had done into all the Air Travel programs around Korea. I thought that this program offered the best courses and had very qualified teachers. I am confident that I made the right choice and it was the best opportunity to help me reach my dream.

한국에 있는 항공관광 관련의 모든 교육기관을 조사 한 후에, ○○○대학교에 입학했습니다. 이 학교는 좋은 커리큘럼을 제공하고 능력 있고 훌륭한 교수님들이 있다고 생각했습니다. 저는 올바른 선택을 했고, 제 꿈을 이룰 수 있는 좋은 기회가 될 것이라고 생각합니다.

write yourself

Q Why did you choose this major?

전공을 선택한 이유는 무엇인가요?

A I chose this major because, for as long as I can remember, I have wanted to become a flight attendant. When I was younger I had to go to the airport a lot to pick up my grandfather who traveled on business often. I always admired the flight attendants I saw. I envied them because they could see the world and experience so many things. I long for the opportunity to do the same.

이 전공을 선택한 이유는 승무원이 되고 싶었기 때문입니다. 제가 어렸을 때, 사업상으로 자주 여행을 하셨던 할아버지를 배웅하기 위해 공항에 여러 번 갔었습니다. 승무원을 보면서 그들은 세계를 보고 많은 것을 경험할 수 있기 때문에 항상 부러워했었습니다. 지금도 그렇습니다.

write yourself

Q Do you feel you made the right choice?

옳은 결정을 했다고 생각하나요?

A I am sure I made the right choice. I am here now in front of you and confident because I have learned a lot through my education and feel I am ready to be a successful flight attendant.

저는 옳은 결정을 했다고 확신합니다. 지금 면접관님 앞에서 자신 있게 서 있는 것은 그동안의 교육을 통해서 많은 것을 배웠기 때문이며, 멋진 승무원이 될 준비가 되어 있습니다.

write yourself

Q

How has your education prepared you for this job? / What did you learn from this major?

이 직업을 위해 당신은 어떤 교육을 받았나요? / 전공을 통해서 배운 것은 무엇인가요?

A

I feel that, because of my education, I am very well prepared for this job. I have learned how to give good service. I have learned a lot about ticket issuing and also about many different language skills. I have even taken courses in Beauty Coordination. I feel I have done everything in my power to become a great flight attendant.

저는 지금까지의 교육 덕분에 이 직업을 잘 할 수 있다고 생각합니다. 저는 좋은 서비스를 하는 방법을 배웠으며 항공발권과 다양한 외국어를 배웠습니다. 또한 이미지메이킹이라는 과목을 배웠습니다. 저는 좋은 승무원이 되기 위해서 제가 가진 능력을 유용하게 쓸 수 있을 거라고 생각합니다.

I feel I learnt so many things in this major in a wide variety of topics. I know my foreign language skills have improved and I am confident in talking with foreigners. I also learned about ticket issuing and making a professional image for myself along with many other things.

저는 이 전공을 통해서 다양한 것을 배웠습니다. 외국어 실력이 향상되어서, 외국인들과 이야기하는 것에 자신감이 생겼습니다. 또한 항공발권을 배웠고, 다른 많은 것들과 함께 저를 전문적으로 만들었다고 생각합니다.

write yourself

Q What are your best and worst subjects?

가장 좋아한 과목과 싫어한 과목은 무엇인가요?

A

Although I did not get the best grades in the course I feel my favorite was English. I improved a lot and the professors made it fun for us. My worst subject had to be Air Ticket Reservations. I don't like working with computers so I found it difficult but I worked hard and still did well.

비록 이 과목에서 최고의 점수를 받진 않았지만, 가장 좋아했던 과목은 영어입니다. 저는 실력을 향상시켰고, 교수님들은 영어를 재미있게 가르쳐주셨습니다. 가장 싫어했던 과목은 항공예약이었습니다. 저는 컴퓨터로 일하는 것이 어려워서 좋아하지 않았습니다. 하지만 열심히 했고 지금은 잘 합니다.

There was not any particular subject that I really disliked as a student but I'm not good at working with computers.

제가 좋아하지 않는 과목은 없었습니다. 하지만 컴퓨터는 잘 하지 못했습니다.

write yourself

제5절 English

영어성적이 높으면 높은 대로 낮으면 낮은 대로 영어공부법에 대해 질문할 것이며, 특히 토익성적이 좋지 않다면 그 이유를 압박면접의 형태로 물을 수도 있다.
혹여 토익점수가 좋지 않은 경우인데도 서류가 통과되고 면접 자리에 서게 됐다면, 영어보다는 전공이나 기타 분야의 가능성을 보고 면접에 참여시킨 것이다. 서비스맨으로서의 자질, 난처한 상황에서의 위기대처능력이 평가의 핵심이므로, 처음부터 본인은 영어에 자신이 없다든지 하는 소극적인 태도보다 의사소통에 어려움이 없는 정도의 영어실력을 갖추고 있음을 밝히고, 앞으로의 계획과 개선의지를 강조하여 피력하는 것이 좋다. 승무원이라는 일에 직접 필요한 자질과 능력을 충분히 표현한다면 설령 영어구사능력이 아주 뛰어나지 않더라도 어느 정도 긍정적인 평가를 받을 수 있을 것이다.

Q **You are good at speaking English. Have you ever been abroad to study English?**

영어를 잘하는군요. 영어 공부하러 해외에 나가본 적이 있나요?

A I have never been abroad to study but have always dreamt about going to Canada for a year. I think if I had the opportunity to do this I would be almost fluent. I have confidence with my English level now and feel I could work well with foreigners.

저는 영어공부를 하러 외국에 나가본 적은 한 번도 없지만, 1년 동안 캐나다에 가서 공부하고자 하는 꿈은 항상 가지고 있습니다. 만약 제가 이것을 할 수 있는 기회를 얻는다면 영어가 거의 유창해질 것이라고 생각합니다. 현재 제 영어실력에 자신이 있고, 외국인과 일을 잘 할 수 있을 것이라고 생각합니다.

Yes, I have. When I was a second-year high school student I stayed with a family in a suburb of Los Angeles for a month during my summer vacation. The family I stayed with consisted of the parents and two daughters.

네, 있습니다. 제가 고등학교 2학년 때, 여름방학에 한 달 동안 LA의 교외에 사는 한 가족과 함께 살았습니다. 저와 함께 지냈던 가족은 부모님과 두 딸들이 있었던 가정이었습니다.

Because my father works for a trading company, I lived in London from the time I was in junior high school. I have many English friends and I'm confident of my ability in English.

아버지가 무역회사에서 일하셨기 때문에, 제가 고등학교 1학년이었을 때 런던에서 살았습니다. 저는 많은 외국인 친구들이 있었고, 저의 영어실력에 대해 자신 있습니다.

No, I've traveled abroad before, but never lived abroad.

아니요, 외국으로 여행간 적은 있었지만 살아본 적은 한 번도 없습니다.

write yourself

Q

What do you think about your English level?

본인의 영어실력에 대해서 어떻게 생각하나요?

A

As I mentioned before, I feel my English level is quite good. I have a few friends who are from overseas and we spend a lot of time together with very few problems communicating.

말씀드렸듯이, 제 영어실력은 꽤 좋다고 생각합니다. 외국에서 온 몇 명의 친구들도 있어서 아주 약간의 의사소통문제가 있지만 많은 시간을 함께했습니다.

I scored a 750 on TOEIC and I went to Canada during my summer and winter vacations when I was a freshman. I studied English conversation there.

저는 토익점수를 750점 받았습니다. 제가 신입생이었을 때 겨울방학과 여름방학 동안에 캐나다에 갔었고, 그곳에서 영어회화 공부를 했었습니다.

write yourself

Q

How have you studied English? / What did you do to help improve your English proficiency?

어떻게 영어공부를 하나요? / 영어실력 향상을 위해서 무엇을 했나요?

A

I have studied English in school and in an academy since I was in middle school. Also in the past year I began doing phone conversations 5 days a week with a foreigner for 30 minutes a day. My college English professor has praised me for the effort and improvement I have shown.

저는 중학교 때부터 학교와 학원에서 영어공부를 했습니다. 지난해에는 매일 30분씩 외국인과 일주일에 다섯 번 전화 영어회화를 시작했었습니다. 저의 대학 영어 교수님은 제가 보여준 노력과 영어실력의 향상을 칭찬해 주셨습니다.

write yourself

Q

Can you speak another language?

다른 외국어를 할 수 있나요?

A

I studied Japanese and Chinese through my school years but I feel English is the most important so I focused mainly on that. I am confident that I can speak it well.

학교생활하는 동안 일본어와 중국어 공부를 했었지만 영어가 가장 중요하다고 생각해서 그것에 주로 초점을 맞춰서 공부를 했습니다. 지금 저는 영어를 잘 할 수 있는 자신이 있습니다.

write yourself

Q

Have you ever given a speech in English?

영어로 발표를 해본 적이 있나요?

A

As a part of my college major we had the opportunity to compete in an English speech contest. As soon as I heard about this opportunity I began preparing. I wrote a speech, had my teachers help me, and I studied all the time. Although I did not win, I feel I gained so much from the experience and I wouldn't have changed a thing.

대학 수업의 일부로 영어 스피치대회에서 경쟁을 해야 하는 일이 있었습니다. 이러한 기회를 알게 되자마자 준비하기 시작했습니다. 제가 스피치원고를 쓰고, 교수님이 도와주셨고, 그것으로 항상 공부를 했었습니다. 비록 상을 받진 못했지만, 이 경험을 통해서 많은 것을 얻었고 이것이 없었으면 저는 변할 수 없었을 것이라고 생각합니다.

write yourself

제6절 Student Life

학창시절에 있어서도 공부, 인생관, 교우관계 같은 주관적인 상황에서부터 하숙생활을 했는지, 했다면 어떻게 해왔는지에 대한 관심은 근본적으로 같은 것이라는 점을 유의해야 할 것이다.
학교 수업 중에 한 가지 정도 관심 있었던 것이 분명히 있었을 것이므로 학교에 관한 화제가 나오면 가급적이면 승무원직을 수행하는 데 있어 유익하게 연관 지어서 적극적으로 답변하도록 한다. 학교생활의 상징이 될 만한 체험을 예로 들어 간결하게 설명하는 것도 좋은 방법이다.

학교성적이 낮은 지원자의 경우 부담이 될 수도 있다. 그러나 지원자의 학교성적이 절대적인 평가요소가 된다기보다 그 성적에 대해 자신이 어떻게 받아들이는가 하는 점이 중요하다. 좋지 않았던 성적을 좋았던 것처럼 말해도 안되고, 이런저런 핑계를 둘러대는 것도 좋지 않다. 성적의 결과를 솔직히 받아들이고, 앞으로는 더욱 분발하겠다는 식의 대답이 합리적이다. 대신 자원봉사나 과외 활동으로 다양한 스킬과 문제해결능력을 키운 것으로 보충 설명할 수 있을 것이다.
학점도 그 사람의 성실성을 파악하는 중요한 잣대가 되지만 무엇보다도 자신이 회사에 들어와서 충분히 역량을 발휘하여 브랜드 가치를 높여줄 수 있다는 방향으로 어필하도록 한다. 예를 들면 어학연수를 다녀온 것은 좋은데, 그걸 바탕으로 회사에서 무엇을 어떻게 발전시킬 것인지를 보여줘야 한다.

Q

Do you think you are a good student?

본인이 우수한 학생이라고 생각하나요?

A

Honestly, yes, I think I am a very good student. In all my college degree I never missed a class. I always did my work on time and I feel I participated a lot during class time.

솔직히 말씀드려서 저는 매우 좋은 학생이었다고 생각합니다. 학교생활 동안 수업을 한 번도 빠진 적이 없었으며, 항상 제시간에 맞춰 일을 했었고, 수업시간 동안 많은 것에 참여했습니다.

write yourself

Q Did you study hard?

공부를 열심히 했나요?

A I studied hard but maybe could have studied a bit harder. I always wanted to be involved in everything that was offered to me as a student.

저는 열심히 공부했지만, 그때 더 열심히 했었을 수도 있을 거라고 생각합니다. 저는 학생으로서 할 수 있는 다양한 활동에 항상 참여하고 싶어 했습니다.

write yourself

Q What kind of special study did you do?

어떤 특별한 공부를 했었나요?

A Ever since I was a young girl I have been going to different academies to better myself. I have studied English since I was in elementary school and I have also studied math and since throughout my school years. I think that my English academy was the most helpful.

어렸을 때부터, 제 자신을 좀 더 발전시키기 위해서 다양한 학원에 다녔습니다. 초등학교 때부터 영어공부와 수학공부를 했었습니다. 그때 영어학원을 다닌 것이 가장 큰 도움이 되었다고 생각합니다.

write yourself

Q

How did you do in school?

학교생활은 어떠했나요?

A

I feel that I did very well because I was very diligent and I cared a lot about my future. My grades were high and I was also involved in a lot of extra curricular activities.

저는 매우 부지런한 편이고 제 미래를 위해 학교생활을 매우 열심히 잘했다고 생각합니다. 제 성적은 매우 높았고 또한 학업 외에 다른 활동도 많이 했습니다.

write yourself

Q

How many days were you absent from college and why?

학교생활에서 얼마나 결석을 했었고 그 이유는 무엇인가요?

A

In my two years at college I never missed a day. I have worked very hard to keep a perfect attendance record throughout my college years. I have wanted to prove I am a good student and that I am very diligent.

대학에서 2년 동안 한 번도 결석을 한 적이 없었습니다. 대학시절 동안에 완벽한 출석률을 지키기 위해서 노력했었습니다. 그것을 통해서 제가 좋은 학생이고 성실했다는 것을 보여주고 싶었습니다.

write yourself

Q **What kind of grades did you make in college?**

학교생활 동안에 성적은 어떠했나요?

A In college my grades were not always the best in my class but I always did well and I graduated with high scores in all my courses. I am happy with how well I did.

성적은 우리 반에서 최고는 아니었지만 항상 잘 했었고 모든 과목에서 좋은 성적을 받고 졸업했습니다. 제가 잘했다는 것에 대해서 만족합니다.

write yourself

Q **Why weren't your grades better?**

왜 더 좋은 성적을 받지 못했나요?

A My grades weren't better because I was always trying to be involved in extra curricular activities while I was studying. I feel that a life outside of the classroom is very important because it gives the opportunity to learn social skills and also gives balance to your life.

학창시절 동안에 항상 특별활동에 참여하려 했었기 때문에 성적이 더 좋지는 못했습니다. 수업 이외의 생활을 하는 것은 매우 중요하다고 생각하고 그것이 사회생활을 배울 수 있게 해주고 생활의 균형을 준다고 생각합니다.

write yourself

Q

Do your grades reflect your work ability?

성적이 업무에 대한 능력을 반영한다고 생각하나요?

A

I think my grades do reflect my work ability because I have a very good work ethic. While working at my college I kept focused all the time on my studies, so my grades were quite high.

저는 제 성적이 일에 대한 저의 능력을 반영한다고 생각합니다. 학교에서 일을 하는 동시에, 공부에 항상 집중했고 좋은 성적을 받을 수 있었습니다.

write yourself

Q

What was the most impressive thing in your college life? / Describe your most rewarding college experience.

학교생활 동안에 가장 인상적인 것은 무엇이었나요?

A

The most impressive thing in my college life had to have been competing in the English speech contest for my department. It really changed me and taught me to be more diligent because I had to work so hard, all the time, to do well.

학교생활 중에서 가장 인상적인 것은 우리 학과의 영어 스피치대회에서 경쟁을 해야 하는 것이었습니다. 잘하기 위해서 열심히 했었고, 이것이 저를 많이 변화시켜서 좀 더 부지런해질 수 있었습니다.

My most rewarding college experience was having the opportunity to compete in both an English and a Japanese speech contest. These contests took a lot of work but they also gave me the opportunity to learn a lot and, through them, I was able to gain a lot of confidence in the languages and with speaking in public.

가장 뜻 깊었던 일은 영어와 일어스피치 대회에 나갔던 것입니다. 이 대회를 준비하기 위해서 많은 것을 해야 했지만 또 많은 것을 배웠고, 사람들 앞에서 말하는 것에 대해서도 자신감을 얻게 되었습니다.

When I was a freshman, I went to Canada to take an English language course during my summer vacation.

제가 신입생이었을 때, 여름방학 동안 어학연수를 위해서 캐나다에 갔던 것이 가장 인상 깊습니다.

write yourself

Q Can you tell me about your college life?

학교생활에 대해서 말해줄 수 있나요?

A

My college life was very full. I started off each day by going to the gym for an hour then I would take a bus to school. Once arriving at school, I would check my things to make sure I was well prepared for my classes that day. After class, I would usually spend one to two hours in the library studying before getting the school bus home. In the evenings, I would either go to my English academy or work in my part-time job. After studying or work, I would sit down and relax in my home and think about the past day. This was a typical college day in my life.

저의 학교생활은 정말 바빴습니다. 매일 1시간씩 체육관에 가는 것으로 하루를 시작해서 학교까지 버스를 타고 갔습니다. 한번 학교에 도착하면 수업준비가 잘 되어 있는지 확인했습니다. 방과 후에는 집에 가는 스쿨버스를 타기 전, 보통 1시간에서 2시간 정도 도서관에서 시간을 보냈습니다. 밤에는 영어학원에 가거나 아르바이트를 했습니다. 공부나 일을 한 후에는 집에 앉아서 휴식을 취했고, 그날 하루에 대해서 생각했습니다. 이것이 저의 하루 일과입니다.

write yourself

Q What kind of activities did you do in your college life? / What were your extracurricular activities in school?

학교생활 중에 어떤 (과외)활동을 했나요?

A I was involved in a lot of activities when I was in school. First, I volunteered as an assistant for my school major department. I was also a class leader for my section. I even did a lot of things outside of school. I helped at an elementary school three times a week and I really loved my time with the children.

학교생활을 했을 때, 많은 활동에 참여했습니다. 처음에는, 학과보조로 자원봉사를 했었으며, 반 대표로도 활동을 했습니다. 또한 학교생활 외 다양한 활동을 했었습니다. 일주일에 세 번은 초등학교에서 일을 했었는데, 아이들과 함께한 시간은 즐거웠습니다.

I worked as a leader of my class in college for 2 years. I learned a lot from that experience. It made me more sociable, stronger, responsible and I learned how to cooperate with other people.

대학생활 2년 동안 반 대표를 했습니다. 그 경험을 통해 많은 것을 배웠고 더 사회적이고, 책임감이 강한 사람이 되었습니다. 또한 협동심에 대해서도 배웠습니다.

When I was in school I was involved in a lot of extra curricular activities. I was an assistant in my department's office. I was an M.C. at all of our department's events, and I tried to be as active as I could in a lot of other school affairs as well. I was hoping that, by doing all of these things, it would make me a more well-rounded person who is good at managing her time.

학창시절 때, 많은 과외활동에 참여했습니다. 저는 과사무실에서 업무보조로 일했었습니다. 저는 학과의 행사에서 사회자였으며 많은 학과 활동에 적극적으로 참여했습니다. 이러한 활동을 하면서 제 시간을 잘 활용하는, 좀 더 다재다능한 사람이 될 거라 기대했습니다.

write yourself

Q **What did you learn from extracurricular activities?**

과외활동을 통해서 무엇을 배웠나요?

A I learned a lot from all my extra curricular activities. What I learned the most was to be able to budget my time. I always seemed to be busy so I had to plan my time wisely. I know this may not seem like much but I was doing all these extra activities to help prepare myself for this time in my life.

저는 과외활동을 통해서 많은 것을 배웠습니다. 가장 중요한 것은 시간을 잘 활용하는 방법이었습니다. 항상 바빴기 때문에 시간을 현명하게 계획해야 했었습니다. 많은 활동을 했다고 생각하시지 않을 수도 있겠지만, 제 인생에서 오늘을 준비하기 위해 많은 과외활동을 했었습니다.

write yourself

Q **Tell me about your favorite professor.**

가장 좋아하는 교수님에 대해 말해 보세요.

A My favorite professor was a very confident woman. She was strict but she made class fun which kept us interested. She was good at making our schedule with assignments and tests manageable for us. She understood we were busy with all of our classes.

제가 가장 좋아하는 교수님은 자신감 있는 여자분이셨습니다. 그 교수님은 엄격하셨지만 우리에게 흥미를 주기 위해 수업을 재미있게 하셨습니다. 과제를 내실 때는 우리 일정에 맞춰 내주셨고, 우리를 위해서 쪽지시험도 내셨습니다. 그분은 우리의 수업 일정이 바쁘다는 것을 항상 이해해 주셨습니다.

write yourself

Q

Have you ever done any volunteer work? What kinds?

자원봉사를 해본 적이 있나요? 어떤 일이었나요?

A

When I was growing up in middle and high school I did a lot of volunteer work. When I was in middle school I went with my mother to a senior citizens home once a week. While there, I spent time with the elderly and entertained them as if I was their grand daughter. In high school I tried to go to an orphanage at least once a month to spend time with the children and to help around the facility. I feel that, although I was helping others, I was gaining a lot as well. I became a more mature person through volunteering.

중학교 때와 고등학교 때 자원봉사활동을 많이 했었습니다. 중학생 때는, 어머니와 일주일에 한 번 양로원에 방문해서, 그분들의 손녀가 되어 할머니 할아버지와 즐거운 시간을 보냈습니다. 고등학교 때는, 최소한 한 달에 한 번은 고아원에 가서 아이들과 놀아주고 다른 일들을 도왔습니다. 다른 사람을 도우면서 좀 더 성숙한 사람이 되었고 많은 것을 얻었다고 생각합니다.

Yes, I was a member of a volunteer group. We often visited orphanages and senior centers. I met many kinds of people.

네, 저는 봉사활동 그룹에서 활동했었는데, 고아원과 양로원을 방문했고, 많은 사람들을 만났습니다.

write yourself

Q

What did you normally do during summer or winter vacations?

여름방학 또는 겨울방학 동안에 보통 무엇을 했나요?

A

During my vacations I usually got a part-time job to help support my family but I also went to an English academy five times a week for the past two years, trying to improve my English. I know that it is important for me to speak English well to succeed and reach my dream.

방학 동안에 저는 집안을 돕기 위해서 아르바이트를 했었습니다. 또한 일주일에 다섯 번 영어학원을 지난 2년간 다녔습니다. 제가 영어실력을 향상시키기 위해 노력하면서 영어말하기를 잘하는 것이 성공과 꿈에 있어서 중요하다는 것을 깨달았습니다.

write yourself

Q

Is there anything you regret not doing during college?

학창시절 동안 하지 못한 것에 대해서 후회하는 것이 있나요?

A

The one thing I really regret about my college life is not going overseas to study. I think that if I had spent six months to a year overseas it would have really helped my career.

학창시절 동안 못한 일에 대해 후회하는 것이 한 가지 있다면 공부하러 외국에 나가지 못한 것입니다. 만약 제가 외국에 가서 6개월 정도 시간을 보냈었다면 경력에 많은 도움이 되었을 거라고 생각합니다.

write yourself

Q

Were you financially responsible for any portion of your college education?

대학교 때 학비의 일정부분을 부담했나요?

A

Although my parents never asked me to pay for my education I felt that it was partially my responsibility to pay for such a large expense. As soon as I finished my college entrance exam I began to search for a part-time job to help them. I was soon saving money and, although I could not pay for my whole education, it was a nice feeling to just be able to help.

저희 부모님께서 저에게 학비를 내라고 하시지는 않았지만 저는 그런 큰 돈을 일부는 제가 책임을 져야 한다고 생각했습니다. 저는 대학입학시험 직후 아르바이트를 구했고, 돈을 저축해서, 등록금을 냈었는데 비록 전부를 낸 것은 아니었지만 부모님에게 도움을 드렸다는 것에 대해서 기분이 좋았습니다.

write yourself

제7절 Friendships / Relationships

지원자의 협조성과 사회성을 알아보기 위한 질문이다. 회사는 지원자에게 자주성을 요구하는 한편, 조직 안에서 동료와 원만한 관계를 유지하길 원한다. 지원자가 '폭넓은 인간관계를 가지고 있는가' 하는 것은 불특정 다수의 고객서비스 업무를 수행해야 할 승무원으로서의 자질을 평가하는 데 있어 필수요건이라고 할 수 있다.

교우관계에 대한 질문은 단순히 친구관계만을 국한하여 그 사람의 인간성을 추측하고자 하는 것이 아니라 친구관계를 통해 지원자 자신을 알아보려 하는 것이다. 다양한 사람과 폭넓은 교제를 하는 원만한 성격을 보일 때 면접관은 그 지원자가 승무원에 적합하다고 판단할 것이다. 학창시절 동아리활동이나 대외 봉사활동 경험이 있는 경우 이를 잘 활용해서 얘기한다면 좋은 인상을 심어줄 수 있다.

Q

Do you have a lot of friends?

친구가 많은 편인가요?

A

I don't know if I would say I have a lot of friends but the friends that I do have are truly the best. I would consider all of them as members of my family. My parents even think the same of them as I do.

많은 친구를 가지고 있다고 자신 있게 말할 수 있을지는 잘 모르겠지만, 제가 가진 친구들은 모두 진정한 친구들입니다. 저는 그 친구들이 우리 가족 같다고 생각합니다. 심지어 저희 부모님은 저에게 하는 것처럼 제 친구들을 대하십니다.

write yourself

Q

How do you make friends?

어떻게 친구를 사귀나요?

A

I am a very open person. I am always happy so I find it easy to meet people and make friends. Usually I am a brave person and I go up to people and introduce myself to them, especially if they are tourists. I always love the opportunity to meet new people.

저는 매우 열려 있는 사람입니다. 항상 즐거워서 사람을 만나고, 친구 만나는 것을 어렵게 생각하지 않습니다. 저는 용감한 사람이어서 다른 사람들에게 다가가 제 자신을 소개하는 것을 좋아합니다. 저는 항상 새로운 사람들을 만나는 일을 즐깁니다.

Whenever I meet someone I say hello first and try to remember his or her name.

새로운 사람들을 만날 때마다 먼저 인사를 하고, 그 사람의 이름을 기억하려고 노력합니다.

write yourself

Q

Can you describe on of your best friends? / Tell me something about your best friend.

당신의 가장 친한 친구에 대해서 말해 주세요.

A

My best friend is like a sister to me. We have been friends since we were in elementary school and I feel that I can tell her anything.

제 최고의 친구는 저에게 자매와 같은 존재입니다. 우리는 초등학교 때부터 친구였고, 그녀에게 어떤 일이든지 얘기할 수 있을 정도로 친합니다.

I have known one of my best friends since we were in elementary school 8 years ago. She has moved overseas now to study English so sometimes I am lonely but we talk almost every day on our computers or on the phone.

저는 저의 절친한 친구를 약 8년 전 초등학교 때부터 지금까지 사귀었습니다. 그녀가 현재 영어공부를 위해 해외에 가 있기 때문에 때로는 외롭지만, 우리는 매일 컴퓨터나 전화해서 이야기를 합니다.

write yourself

Q

How can you solve the matter when you have trouble with your friend?

친구와 다투게 되었을 때, 어떻게 해결을 하나요?

A

When anyone has trouble with a friend I think the best way to solve the problem is by talking it out. First I would listen to my friend's opinion then I would give my opinion. Together we could weigh the pros and cons of each and make a wise decision.

친구와 다투었을 때는 밖에 나와서 함께 이야기하는 것이 좋은 방법이라고 생각합니다. 먼저 친구의 의견을 듣고, 제 의견을 말하고 나중에는 함께 왜 그런 일이 생겼는지 이야기해 보고 좋은 결론을 냅니다.

write yourself

Q **When you make friends do you usually choose people who are different from you or similar to you?**

친구를 사귈 때 보통 당신과 다른 사람을 사귀는 편인가요, 아니면 비슷한 사람을 사귀나요?

A I consider myself a very friendly person so it is easy for me to meet people. I have made friends with a lot of different kids of people. I don't mind if they are different or similar to me.

저는 사교적인 사람이라서 사람들을 만나는 것은 쉬운 일이라고 생각합니다. 저는 다양한 종류의 친구들을 만들었고, 그들이 저와 다르든 비슷하든 크게 상관하지 않습니다.

write yourself

Q **Tell me about a time that you had different opinion with others.**

다른 사람과 의견갈등을 겪었던 때에 대해서 말해 주세요.

A When I was in college my friends and I decided to go on a trip during our summer vacation. One girl wanted to go to a mountain but I wanted to go to the beach. She said she wanted to be in nature and I told her that it would be nice to go swimming and have a barbecue. Finally, we asked the others and took a vote. The result was that we went to the beach, I was so happy.

대학교 때, 친구들과 여름방학에 여행을 가기로 계획했었습니다. 그런데 한 명은 산으로 가서 자연을 즐기자고 했고, 저는 바다에 가서 수영을 하고, 바비큐 파티를 하는 것이 더 좋을 것 같다고 의견을 냈습니다. 나중에는, 다른 친구들의 의견을 물어보고 다수결의 원칙에 따라 바다에 갔고, 매우 재미있었습니다.

write yourself

Q

What is the most important thing in true friendship?

진정한 친구관계에서 가장 중요한 점은 무엇이라고 생각하나요?

A

I think the most important thing in true friendship is the ability to be honest and feel comfortable enough to tell each other everything. I am lucky because I have two friends that I feel this way about.

진정한 친구관계에서 가장 중요한 점은 서로에게 정직해지고, 모든 것을 말해도 편안함을 느끼는 것이라고 생각합니다. 저는 이런 친구를 두 명이나 가지고 있기 때문에 행운아라고 생각합니다.

write yourself

Q

What is the most important thing between man and woman?

남녀 관계에서 가장 중요한 것은 뭐라고 생각하나요?

A

I think the most important things between a man and a woman are communication and honesty. No relationship can succeed unless there is good communication on both parts and both the man and the woman trust each other.

남녀 사이에서 가장 중요한 것은 대화와 정직함이라고 생각합니다. 서로 간에 소통이 없고 신뢰하지 않으면 좋은 관계가 될 수 없다고 생각합니다.

write yourself

Q Do you have a boyfriend? / How long have you dated? / How often do you go on a date with him? / What do you do when you meet him? / Can you show off your boyfriend to others?

남자친구가 있나요? / 얼마나 오랫동안 만났나요? / 그와 얼마나 자주 데이트하나요? / 그와 만날 때는 무엇을 하나요? / 남자친구 자랑을 한다면?

07 Friendships / Relationships

A Yes, I have a boyfriend and we have dated for over two years now. Since he is in the army and I am busy with school we don't get to see each other as much now as we did in the past. Whenever we do get a chance to meet we usually start our time together with a nice meal. Then we either go for coffee or go to a movie together and finally end with a short walk.

네, 저는 남자친구와 지금까지 거의 2년 넘게 만나왔습니다. 현재 그가 군대에 가 있고, 저는 학교생활 때문에 바빠서 예전처럼 자주 만나지는 못합니다. 우리는 만날 때마다 맛있는 식사를 함께합니다. 그 후에는 커피를 마시러 가거나 영화를 보러 가고 함께 산책을 합니다.

He has good manners and is positive in everything. He gets along with everyone very well.

그는 어떤 일에 대해서도 긍정적이고 매너가 좋습니다. 그는 누구하고도 잘 지냅니다.

write yourself

제8절 Character / Personality

기본적으로 면접 중에는 밝고 명랑하고 적극적인 성격을 나타내어 표정 또한 생기 있게 보이도록 해야 한다. 간혹 본인은 '밝고 명랑한 성격'이라고 말하고 있으나 타인에게는 전혀 그렇게 보이지 않는 경우가 있다. 성격이나 성향은 겉모습에 드러나야 하는 것이며, 자신이 주장하는 바와 겉모습이 일치하지 않는다면 오히려 감점요소가 될 것이다.
이 질문의 의도는 구체적인 자신의 장/단점을 알기보다는 자기 자신에 대해 어느 정도의 객관적인 분석을 하고 있고, 자기 개선의 노력 등을 시도하는지를 알고자 함에 있다.
희망하는 직종과 자신의 성격이나 적성에 맞지 않을 때는 당연히 좋은 결과를 얻을 수 없을 것이다.

자신의 장점과 단점을 객관적으로 파악해 두도록 한다. 지원하는 직종과 관련이 있는 학창시절의 관심분야나 아르바이트 경험, 동아리활동에서의 역할 등을 참고로 활용하면 더욱 좋다
Strengths는 4~5개 정도 지식이나 경험, 인성, 지적인 면 등을 고루 얘기하도록 한다. 이때 무조건 장점만 부각시켜 말하기보다는 자신의 경험과 연관 지어 구체적으로 소개하는 것이 좋다. 또한 "I am sincere, positive, bright. That's all." 이렇게 간단하게 나열해서 말하기보다 "I learn very fast...", "I have good computer skill...", "I don't get discouraged easily...", "I am a self-starter...." 등으로 구체적으로 얘기하도록 한다.
Weakness는 직업상 필요한 자질과 상반되는 점(예를 들어 지각을 잘한다든지, 낯을 가린다든지)은 피하는 게 좋다. 활발한 성격을 장점으로 부각했다면 "I tend to look at problems from a wide view point and sometimes don't pay attention to the details. I am trying to improve my weak point..." (이럴 경우 계속해서 Give me an example of a problem you solved and the process you used?와 같은 질문이 나올 수도 있음에 유념하라.)

Q

What kind of personality do you think you have?

본인이 어떤 성격을 가지고 있다고 생각하나요?

A

I'm a very outgoing and active person. I always enjoy going out and meeting friends but love to be involved in as many extra curricular activities around my school as possible.

저는 매우 활발하고 적극이라고 생각합니다. 항상 외출을 하고, 친구들 만나는 것을 좋아합니다. 하지만 가능한 한 학교 주위에서 과외활동을 합니다.

In my opinion, my personality and character are suitable for this job. First, I am sociable. When I meet people, I become their friend easily. Second, I'm adaptable so I can easily adjust to any kind of person or circumstances.

제 생각에, 저의 성격은 이 직업에 잘 맞는다고 생각합니다. 첫 번째로, 저는 사교적이어서 사람들을 만날 때, 쉽게 친구가 됩니다. 두 번째로, 저는 융통성이 있어서 어떤 사람들이건, 상황에 대해서도 쉽게 적응합니다.

write yourself

Q

What are your strong points?

당신의 장점은 무엇인가요?

A

I think my strongest point is my diligence. I always write my schedule for the next day before I go to bed and as I finish things I check them off. This keeps all my school work and extra curricular activities organized and takes a lot of stress out of my day.

저의 장점은 근면하다는 것입니다. 항상 자기 전에 다음 날을 위해 계획을 작성하고, 그것을 실행했는지 체크를 합니다. 이것이 저의 학교생활과 교외활동을 잘 지켜나갈 수 있게 해주고, 생활에서 받게 되는 스트레스를 관리해 줍니다.

I am very good at stress management. Having good stress management skills allows me to be very calm in many situations. I don't get upset very easily and I'm very patient.

저는 스트레스 관리를 잘합니다. 스트레스 관리를 잘하는 것은 많은 상황에서 저를 차분하게 해줍니다. 저는 쉽게 화를 내지 않으며 인내심이 좋습니다.

write yourself

Q

What are your weak points?

당신의 약점은 무엇인가요?

A

I think my weakest point is that, at times, I take on more than I can handle. As I said previously, I like to be involved in everything so sometimes I feel I have too much on my plate so I get stressed out.

저의 약점은 욕심이 많다는 것입니다. 때때로 제가 할 수 있는 일보다 많은 일을 떠맡습니다. 너무 많은 것을 해서 스스로 스트레스를 받기도 합니다.

I think I approach everything a little rash. I'm afraid I'm rather talkative, but everyone says I'm a very likable person.

제 생각에 저는 모든 일에 좀 성급한 면이 있습니다. 약간 수다스러운 면이 있습니다만, 주위 사람들은 제게 호감을 느낀다고 말해줍니다.

write yourself

Q

If you could buy a car, what make and model would you buy?

차를 산다면, 어떤 모델을 사고 싶은가요?

A

I am not sure exactly the make or model but I would definitely choose a sports car. I think a fast, sporty looking car would suit my personality well.

정확하게 어떤 차를 살지는 모르겠지만, 스포츠카를 사고 싶습니다. 빠르고 스포티한 외관이 제 성격과도 잘 맞는다고 생각합니다.

write yourself

Q

How would your friends describe your personality?

친구들은 당신의 성격에 대해서 어떻게 표현하나요?

A

I think most of my friends would describe me as friendly, outgoing, and hardworking but, at times, I can be stubborn. When I get an idea in my head it is hard to change my mind on it. I really have to be convinced of things. I guess I would consider that a weak point of mine.

저의 친구들은 제가 친근하고, 활동적이고, 열심히 산다고 말합니다. 하지만 가끔은 고집스럽다고 말합니다. 머릿속에 어떤 생각이 들었을 때는 쉽게 마음을 바꾸지 않습니다. 전 그것에 대해 확신을 가지고 있기 때문입니다. 그 점이 저의 약점이라고 생각합니다.

write yourself

Q

If you were a color, what color would you be?

만약 본인을 색깔로 표현한다면, 무슨 색깔이 될 수 있을까요?

A

If I were a color I would be yellow because I am always bright and happy. When I think of the color yellow the first thing that comes to mind is cheerfulness.

저를 노란색으로 표현할 수 있습니다. 항상 밝고 행복하고, 노란색을 처음 생각했을 때의 명랑함이 저와 어울린다고 생각합니다.

I would be white because I can get along very well with all kinds of people.

저는 다양한 사람들과 잘 어울릴 수 있기 때문에 흰색이라고 생각합니다.

write yourself

Q

Tell me what you would consider to be the strong points and weak points of your appearance.

본인의 외모에서 강점은 무엇이고 약점은 무엇이라고 생각하나요?

A

I think my smile is one of the strongest points of my appearance because it makes people feel comfortable and relaxed around me. I think a weak point has to be my height. I am shorter than some of my classmates but I try to make up for that in other ways.

저의 외모 중의 강점은 미소라고 생각합니다. 이것이 다른 사람이 저를 볼 때 편안함을 느낄 수 있다고 생각합니다. 저의 약점은 키라고 생각합니다. 저는 우리 반 다른 친구들보다 조금 작지만 그 부분을 다른 점으로 채울 수 있다고 생각합니다.

write yourself

Q

Do you act spontaneously or by plan?

즉흥적으로 행동하나요, 아니면 계획적으로 행동하나요?

A

I have to say I do everything by plan. Every night I make a schedule for the following day and I try to follow it very closely. I wish that, at times, I was a bit more spontaneous than I am.

저는 항상 계획대로 모든 것을 합니다. 매일 밤 자기 전에 다음 날을 위해 스케줄을 짜고, 잘 지키려고 노력합니다. 가끔은 지금보다 약간 즉흥적이었으면 합니다.

write yourself

Q

Have you ever been angry towards another person?

다른 사람들에 대해서 화가 난 적이 있었나요?

A

Of course, I think we have all been mad at someone in the past. I have gotten mad at friends before when they have broken promises to me. For example, someone says to meet at a subway station at 2 pm but then at 2:15 I receive a call telling me they can't come. That situation makes me so angry.

물론입니다. 모든 사람들은 과거 누군가에 의해서 화가 났던 경험이 있을 거라고 생각합니다. 저는 예전에 약속을 지키지 않은 친구 때문에 화가 난 적이 있었습니다. 예를 들면 누군가를 지하철역에서 2시에 만나기로 했는데, 2시 15분에 전화를 해서 올 수 없다고 말하는 상황이 매우 화가 납니다.

write yourself

Q

What seems to anger you the most? Why?

무엇이 당신을 가장 화나게 하나요? 그 이유는?

A

A People being late angers me the most because I work hard to keep to my schedule all the time and I pride myself on that. When someone is late it puts me off schedule. People set appointments for a reason and it angers me when that appointment is broken.

저는 항상 스케줄을 항상 제시간에 맞춰서 실행하고, 그런 점에 대해서 자랑스럽게 생각하는데, 누군가가 약속시간에 늦으면 제 일정이 뒤로 밀리는 것일 때 화가 납니다. 사람들은 어떤 목적을 위해서 약속을 만드는 것인데, 그런 약속이 깨졌을 때 화가 납니다.

write yourself

Q How do you get along with other people?

다른 사람들과 잘 지내나요?

A I am a very friendly person so it always seems that there are people around me. I find it easy to make friends because of my bright personality. I think because I am so bright people feel comfortable when they are around me so I can fit well into a service industry job.

저는 항상 친근하게 사람을 대해서 많은 사람들이 항상 제 주변에 있습니다. 저의 밝은 성격 때문에 친구를 쉽게 만들고, 사람들이 저와 어울릴 때 편하다는 말을 많이 해서 저는 서비스업에 잘 맞는다고 생각합니다.

write yourself

Q What are the good things and bad things about working in a group?

그룹과 일을 하는 것의 좋은 점과 나쁜 점은 무엇인가요?

A The good things about group work are that you can get great ideas from all members and you are able to divide the work load amongst all members. The bad things are that sometimes you can't choose your members so if you have an unreliable partner the whole group could suffer. When the relationship among the members is not good, it makes it difficult to work.

그룹으로 일할 때의 좋은 점은 팀원들로부터 다양한 생각을 얻을 수 있고, 일을 효율적으로 배분할 수 있습니다. 하지만 안 좋은 점은 멤버를 고를 수 있는 것도 아닌데 신뢰할 수 없는 사람이 팀에 있으면 그룹 전체가 피해를 보는 것입니다. 또 팀원들과 사이가 좋지 않을 때는 일하기가 힘들다고 생각합니다.

Group members divide their work and take a duty that he or she can do well. They can get various creative ideas and support each other so they can get more accomplished. When the relationship among the members is not good, it makes it difficult to work.

그룹의 팀원들은 각자 일을 나누고 할 수 있는 업무를 맡습니다. 다양한 아이디어를 교환하고 서로를 도울 수 있습니다. 그러므로 팀원들은 더 많은 것을 성취할 수 있습니다. 그러나 그들 사이가 좋지 않을 때는 일하기 힘들어지게 됩니다.

write yourself

Q

Do you prefer to work alone or as a member of a team?

혼자 일하는 것을 좋아하나요, 아니면 팀원들과 일하는 것을 좋아하나요?

A

In most of my school work I prefer to work alone because then I don't have to rely on others and my grade will depend only on my efforts. If I were to get a bad grade I know it is my fault and not my peers. If I get a good grade I have more of a sense of accomplishment.

저는 학교과제의 대부분을 혼자 하는 것을 좋아합니다. 성적은 오직 제 노력에 달려 있고, 다른 사람들이 대신해 줄 수 없습니다. 만약 형편없는 성적을 받는다면 그것은 동료들의 잘못이 아니라 제 잘못이고, 좋은 성적을 받으면 제가 성취감을 더 느낄 수 있습니다.

I know that flight attendants work with many time restrictions. To maintain good relationships with the members of my team is important and helpful to work effectively.

승무원은 시간제약이 있는 조건에서 일을 해야 합니다. 팀원들과 좋은 관계를 유지하는 것은 일을 효율적으로 하는 데 중요하다고 생각합니다.

write yourself

Q

Do you mind working for someone younger than yourself?

당신보다 나이가 어린 사람과 일하는 것을 꺼리나요?

A

I don't mind working for someone younger than me if I feel that the person is well qualified for the job. Age is not important to me and I am sure that I will be able to get along with my boss not matter how old they are.

그 사람이 이 직업에 충분히 능력 있는 사람이라면 저보다 나이가 어린 사람과 일하는 것을 꺼리지 않습니다. 상사의 나이는 함께 일하는 데 있어서 중요하다고 생각하지 않습니다.

write yourself

Q

What situations excite and motivate you?

어떤 상황이 당신을 즐겁게 하고 동기부여를 해주나요?

A

This may sound strange but I am motivated by big projects. I like the idea of breaking them down into smaller sections and seeing my progression as I get things done. I am always more motivated when I finish one task and I am about to start the next.

약간 의아하게 생각하실지도 모르지만, 저는 큰 과제에 대해서 동기부여가 됩니다. 해야 하는 과제를 작은 부분으로 나누고 이것을 해 나가는 과정을 보는 것을 좋아합니다. 한 업무를 끝냈을 때는 더 동기부여가 되고 곧 다음 업무를 시작합니다.

write yourself

Q

What type of person do you work best with?

어떤 종류의 사람이 같이 일하기에 가장 좋습니까?

A

I feel that there is not one type of person that I work well with. I think I can get along well with most people so that when it comes to work situations, as long as we express ourselves openly to each other, then I can work with almost anyone.

함께 일하기에 좋은 하나의 타입이 있는 것은 아니라고 생각합니다. 어려운 상황이 왔을 때, 서로 솔직하게 자신의 생각을 말하면, 대부분의 사람들과 일을 잘 할 수 있습니다.

write yourself

Q

What kind of work environment are you most comfortable?

어떤 근무환경이 일하기에 가장 편안한가요?

A

I am most comfortable working in jobs with the public. I had a job once as a secretary but did not enjoy it at all because I was in an office all alone all day. I did not get to see people or communicate with anyone. I did not like that job and would not like to have to do it again. I want to be working in an area that I am around people all the time.

저는 많은 사람들과 함께 일하는 것이 가장 편안하다고 생각합니다. 제가 비서로 일했을 때에는 하루 종일 사무실에 혼자 있어서 사람들을 보고 이야기할 수 있는 기회가 없었습니다. 그 일이 잘 맞지 않았고 이제는 사람들과 어울릴 수 있는 이 일을 하고 싶습니다.

write yourself

Q

How do you handle criticism?

비판에 대해서 어떻게 대처하나요?

A

When I first started working I did not handle criticism well. I would often get upset and feel embarrassed but now over time, I have matured and I can take it ok because I know whomever is speaking to me is only trying to help. When I am working I always try to do my best so that I am not criticized often.

처음에 일을 했을 때에는 비판을 들을 때 잘 대처하지 못했습니다. 화가 나고 당황스럽기도 했지만 지금은 성숙해져서 누군가가 저에게 어떤 말을 해도 개선의 여지로 받아들입니다. 또 항상 최선을 다해서 일하기 때문에 더 이상 비난을 받지 않습니다.

write yourself

Q

Describe a leader you admire.

당신이 동경하는 리더에 대해 말해 보세요.

A

I admire Condoleezza Rice. I think that she has made huge steps for women and minorities in what was considered a largely white, male dominated society. She has overcome great obstacles and a lot of hardship to put her where she is today. I truly respect and look up to her.

저는 콘돌리자 라이스를 존경합니다. 그녀는 대다수가 백인인, 남성이 사회를 지배하는 것으로 간주되는 여성과 소수사회에서 큰 업적을 만들었고, 오늘날의 위치까지 많은 어려움을 극복했습니다. 저는 진심으로 그녀를 존경하고 닮고 싶습니다.

write yourself

Q

What kind of people do you like?

어떤 종류의 사람을 좋아하나요?

A

I think I like well rounded people. They have to be mature enough to finish all of their responsibilities but they also have to know how to have a good time. I don't like people who neglect their responsibilities for fun.

저는 원만하고 자기관리를 잘하는 사람을 좋아합니다. 자신의 모든 행동에 책임을 지고 시간을 잘 활용하는 방법 또한 압니다. 하지만 저는 흥미를 위해서 자신의 일에 책임을 지지 않는 사람을 싫어합니다.

I get along well with almost everyone. I really like responsible, hardworking people.

저는 대부분의 사람들과 잘 지냅니다만, 특히 자신의 일에 책임감 있고 열심히 사는 사람을 좋아합니다.

write yourself

Q

Who is your ideal person?

이상적인 사람은 어떤 사람인가요?

A

My ideal person is someone whom I can always get along well with. It doesn't matter if they are a man or woman, young or old, as long as we can communicate well together and enjoy each others company.

제가 생각하는 이상적인 사람은 사람들과 잘 어울리는 사람이라고 생각합니다. 상대방과 대화를 하고 함께 어울리는 데 성별과 나이는 중요하지 않다고 생각합니다.

write yourself

제9절 Interests / Hobbies

일과 개인의 라이프스타일에 균형이 잘 잡혀 있는가를 묻는 질문이다. 일반적으로 개인적인 취미와 라이프스타일을 가지고 있는 사람이 일을 더 잘 수행한다고 생각한다. 주로 이력서에 자신이 적어낸 취미를 중심으로 질문하게 되므로 그에 맞게 준비하는 것이 좋다.

특히 취미에 관한 첫 번째 질문에 대한 답변은 계속적인 꼬리 질문을 유도할 수 있다.

예를 들면 "취미가 무엇입니까?", "수영입니다", "얼마나 잘하나요?", "몇 미터 정도 갑니까?" 이런 식이다. 여기서 주의할 점은 이때 단순히 "20미터요." 하는 식의 답은 피해야 한다. 어떻게든 답변의 기회가 있을 때는 답의 내용이 단순할수록 풍성하게 살려서 성의 있게 답하는 것이 중요하다.

취미와 특기 이야기가 나오면 자신도 모르게 열중하는 사람이 있으나, 일과 직접적인 관계가 없는 개인적인 것에 대해서는 길게 말하지 않도록 하며 가급적 직업과 관련된 수영이라든지 팀워크가 발휘되는 운동 등을 이야기하는 것이 바람직하다.

마찬가지로 감명 깊게 읽은 책이라든지 영화도 제목만 말하고 말 것이 아니라 간략하게 설명과 느낀 점을 덧붙이도록 한다.

Q

What's your hobby? / What are your hobbies? / What kind of hobbies do you have?

취미가 무엇인가요? / 어떤 종류의 취미를 가지고 있나요?

A

I have a lot of different hobbies. In the mornings I love getting up and going for a run or walk. The crisp morning air helps me to wake up and feel refreshed. I love to read as well. Whenever I have a chance I read anything I can get my hands on. When I am on the bus to and from school, all I do is read. On the weekends I enjoy going out with my friends, meeting my boyfriend, watching movies, or climbing mountains with my family.

저는 여러 가지 많은 취미를 가지고 있습니다. 아침에 일어나서 뛰거나 걷는 것을 좋아합니다. 상쾌한 아침공기는 잠을 깨워주고 상쾌함을 줍니다. 또한 책 읽는 것도 좋아하는데 책을 읽을 수 있는 시간이 있을 때마다 책을 가지고 다니면서 읽고 버스에서 학교까지 가는 데에도 책을 읽습니다. 주말에는 친구와 즐기고, 남자친구를 만나고, 영화 보거나 가족들과 등산하는 것을 좋아합니다.

I enjoy climbing mountains. I love to climb a mountain with my family or friends on weekends. Bookhan Mt. is my favorite mountain so I am in good physical condition. I also read a lot of books. I read practical books to help my career as a stewardess.

저는 등산을 즐깁니다. 주말이면 가족 혹은 친구들과 등산하는 것을 좋아하며 특히 북한산을 좋아합니다. 그 때문에 건강을 유지하고 있습니다. 또한 많은 책을 읽습니다. 주로 승무원에 도움이 될 만한 책들을 읽고 있습니다.

write yourself

Q

Which mountains do you enjoy going to? / What is you favorite mountain to go to?

어떤 산을 등산하는 것을 좋아하나요? / 가기에 가장 좋은 산은 어디인가요?

A

My favorite mountain is called Namhansanseong Mountain which is located about one hour from Seoul in a suburb called Seongnam. It is very high so when I am done I am always very tired, but the view from the top is so beautiful. I go there with my friends about once a month on weekends. There is even a Buddhist temple at the top.

가장 좋아하는 산은 남한산성입니다. 이 산은 성남이라 불리는 서울에서 한 시간 정도 떨어진 외곽에 위치하고 있는데 여기는 매우 높아서 끝까지 등산을 했을 때는 피곤하지만 산 위에서의 경치는 정말 아름답습니다. 주말에는 한 달에 한번 친구들과 그곳에 가는데 산꼭대기에는 절이 있습니다.

write yourself

Q **What is your favorite season?**

가장 좋아하는 계절이 언제인가요?

A My favorite season is summer. There are more options for things to do and I love the hot weather. In the summer you can go to the beach, go swimming, hike up a mountain, go for a bicycle ride, or take a nice walk in the warm evening. The options are endless.

여름을 가장 좋아합니다. 여름에는 많은 활동을 할 수 있고, 또 뜨거운 날씨가 좋습니다. 여름에는 해변에 가거나 수영을 하고 산에 오르거나 자전거를 타거나 선선한 밤에는 산책도 할 수 있고 또한 여러 가지 할 수 있는 일이 많습니다.

write yourself

Q **What kind of books do you like? / Can you tell me about a book that has impressed you?**

어떤 종류의 책을 좋아하나요? / 감명 깊게 읽었던 책에 대해서 말해줄 수 있나요?

A I like all kinds of books. I think it depends on the mood I am in. Sometimes I like to read romance, sometimes mysteries, and sometimes even non fiction about our past. A book I have read recently was called "Kite Runner". It is a true story that talked about friendship and deception.

저는 여러 장르의 책을 좋아합니다. 제가 처한 상황에 따라서 읽는 책은 달라지는데 때로는 연애소설을 읽거나, 추리물, 역사에 대한 논픽션을 읽는 것을 좋아합니다. 최근에 제가 읽은 책은 "Kite Runner"인데 이 책은 우정과 배신에 대한 이야기입니다.

write yourself

Q

Tell me what you learned from a recent book.

최근에 읽은 책을 통해 배운 점은 무엇인지 말해 주세요.

A

A book I read recently was about segregation between black and white people in the American school system. I learned that racism can occur in all areas of the world and through all ages, from young to old.

최근에 읽은 책은 미국 학교제도에서 흑인과 백인 사이의 차별에 대한 이야기입니다. 저는 인종차별이 세계의 어느 지역, 모든 연령에 걸쳐서 일어날 수 있다는 것을 알게 되었습니다.

write yourself

Q

What kind of movies do you like?

어떤 종류의 영화를 좋아하나요?

A

I like to watch romantic comedies with my friends because, although they make us laugh, they also bring us closer together. When I watch them with my girlfriends, I think we all kind of imagine and dream that we are the girls in the movies.

저는 친구들과 로맨틱코미디 영화를 보는 것을 좋아합니다. 그들이 우리에게 주는 웃음이 그들이 더 가까운 사람처럼 느껴집니다. 친구들과 그런 영화를 볼 때 여자들의 꿈과 상상을 떠올립니다.

write yourself

Q

Have you watched any movies recently? /
What movies have you seen recently?

최근에 영화를 본 적이 있나요? / 최근에 무슨 영화를 봤나요?

A

A movie I watched recently was called Jumper. It is not a movie I really enjoyed. It was about a time traveler who went to all these places experiencing different things until one day he is caught because he starts to use his powers to steal from places. The rest of the movie is him being chased by his enemies. This is not my style of movie.

제가 최근에 본 영화는 'jumper'인데 제가 아주 즐겨보는 영화는 아니었습니다. 주인공은 여러 장소를 여행하는 시간여행자인데 여러 곳에서 그의 힘을 사용하면서 쫓기게 됩니다. 영화의 끝에서는 적에게 잡힙니다. 이것이 제가 좋아하는 스타일은 아닙니다.

I have not seen a movie recently. But I saw a video "The Friends" with my friend. That movie shows humanity and is a humorous story. The main idea is the friendship between two men.

저는 최근에 영화를 본 적이 없지만 친구들과 함께 "The Friends"라는 비디오를 봤었습니다. 그 영화는 두 남자 사이의 우정에 대한 감동적인 이야기였습니다.

write yourself

Q

What's the most impressive movie you've ever seen?

당신이 지금까지 본 영화 중에서 가장 인상 깊었던 영화는 무엇인가요?

A

The most impressive movie I have ever seen was called JSA. It is about four soldiers working along the border between North and South Korea. Two were North Korean and two were South Korean. They worked night shifts and became friends until they were caught by other soldiers. This movie was very moving and touched my heart. It showed how all of us are really not so different.

제가 지금까지 본 영화 중에서 가장 인상 깊었던 것은 'JSA'입니다. 이 이야기는 북한과 남한 사이의 국경에서 일하는 네 명의 군인에 대한 이야기입니다. 두 명은 북한사람이고 두 명은 남한사람인데 그들은 밤교대를 하고, 다른 군인들한테 발각되기 전까지 친구가 되었습니다. 이 영화를 보고 그들과 우리가 다르지 않는다는 것을 봤기 때문에 인상 깊었습니다.

write yourself

Q

Can you tell me about the story?

그 내용에 대해서 이야기해 주세요.

A

This story is about four soldiers working along the border between North and South Korea. They became friends who would sneak across the border at night and spend time with each other. This went on for a long time until one night they were caught and had to begin fighting with each other. The friendship was lost in a second because they were supposed to be on different sides of this war. It was funny at times and sad at others. I was very impressed.

이 이야기는 북한과 남한 사이의 국경에서 일하는 네 명의 군인에 대한 이야기입니다. 밤에 국경에서 만나는 친구가 되어, 함께 시간을 보내고 발각되는 어느 날까지 오랜 시간을 함께 보냈습니다. 하지만 전쟁에서 다른 편이 되어야 했기 때문에 두 번째 우정은 깨지게 됩니다. 함께 있을 때는 즐겁지만 남이 되었을 때는 슬펐고, 제게는 매우 인상 깊었습니다.

write yourself

09 Interests / Hobbies

Q What foods do you like?

무슨 음식을 좋아하나요?

A I like all kinds of foods but some of my favorites are sushi from Japan and any type of Italian food. Pasta tastes great and is good for you.

저는 모든 종류의 음식을 좋아하지만 가장 좋아하는 음식은 스시와 이탈리아 음식입니다. 파스타는 맛도 좋고 건강에도 좋기 때문입니다.

write yourself

Q Can you make them?

그것을 만들 수 있나요?

A I really love to cook for myself and my family. Although I may not be the best at cooking, I still really enjoy it. I think I can cook Italian food very well. It is so nice to see people enjoying the food I have cooked.

저는 제 자신과 가족을 위해서 요리하는 것을 좋아합니다. 제가 요리를 잘하진 못하지만 요리하는 것을 좋아하고 특히 이탈리아 음식을 잘 만든다고 생각합니다. 그리고 제가 만든 요리를 사람들이 맛있게 먹는 것을 볼 때 기분이 좋습니다.

write yourself

Q

How often do you cook for yourself?

본인을 위해서 얼마나 자주 요리하나요?

A

Because of my school, I live by myself so I cook dinner for myself almost every day. Again, I enjoy cooking, so at the end of a day it is a way for me to get rid of my stresses.

학교생활 때문에, 혼자 지내면서 모든 것을 스스로 해야 했기 때문에 거의 매일 제가 요리를 합니다. 하루를 마감하는 데 있어서 스트레스 해소방법이기도 합니다.

write yourself

Q

When you go out for dinner, where do you usually go?

언제 외식하러 가며, 어디로 주로 가나요?

A

When I go out to dinner I usually go to samgyeopsal restaurants with my friends. These places are reasonably priced and are a great way for all of us to spend time together socializing and catching up on each others lives.

주로 친구들과 함께 삼겹살집에 자주 갑니다. 합리적인 가격으로, 이야기도 하고 안부를 물으면서 시간을 보내기에 좋은 장소라고 생각합니다.

write yourself

Q

Can you recommend any good restaurants that are located near your place?

당신의 집 주변에 있는 좋은 레스토랑을 알려줄 수 있나요?

A

I live in Sadang and there is an amazing Japanese Sushi restaurant there. The owner is from Japan and he makes the sushi right in front of you. He is a small business owner and he is very friendly. All of his prices are very reasonable as well.

저는 사당에 살고 있고, 거기에 특별한 스시 레스토랑이 있습니다. 주인아저씨는 일본에서 왔고, 스시를 직접 눈앞에서 만들어주시는데, 정말 친절하십니다. 또한 모든 음식의 가격도 합리적입니다.

write yourself

Q

Do you like to go shopping?

쇼핑하러 가는 것을 좋아하나요?

A

Of course, I love shopping, not only for me but also for others. Whenever I go shopping I always keep my friends in mind.

네. 혼자 혹은 다른 사람들과 함께 쇼핑하는 것을 좋아합니다. 쇼핑하러 갈 때마다 항상 친구들을 챙깁니다.

write yourself

Q

How often do you go?

얼마나 자주 가나요?

A

Since I am a student, I don't have a lot of money so, I don't get to go very often. Usually about once a month I try to go and treat myself or one of my friends to something nice.

아직 학생이기 때문에 돈이 많지 않아서 자주 가지는 못하지만 보통 한 달에 한번 쇼핑을 좋아하는 친구와 가거나 혼자 갑니다.

write yourself

Q

Do you like to go shopping with others or alone?

혼자 쇼핑하는 것을 좋아하나요, 아니면 다른 사람들과 함께하는 것을 좋아하나요?

A

I prefer to shop alone because then I can take my time on my purchases. Times like that I don't have to rush like I would if I were with other people. If I am alone I can think about what I need and what things are more practical to purchase.

저는 제 물건을 살 수 있는 시간을 가질 수 있기 때문에 혼자 쇼핑하는 것을 더 좋아합니다. 혼자서 쇼핑을 하면 다른 사람과 함께 갔을 때처럼 서두르지 않아도 되고, 또 뭐가 필요하고 어떤 것이 실용적인지 생각할 수 있어서 좋아합니다.

write yourself

Q Where do you go shopping? Why?

어디로 쇼핑하러 가나요? 그 이유가 무엇인가요?

A I prefer to go shopping in different markets rather than in department stores because usually the selection is the same or similar but the prices are much more reasonable. At times the quality of products is not as high in markets as it would be in department stores but if you are careful with purchases you are usually ok.

저는 백화점으로 쇼핑하러 가는 것보다 여러 종류의 시장으로 쇼핑하러 가는 것을 좋아합니다. 물건은 같거나 비슷해도 가격은 훨씬 저렴하고, 괜찮은 물건을 잘 사면 상품의 질은 백화점에서 사는 것과 비슷합니다.

I usually go to Dongdaemun market. It's famous for being an affordable and fashionable place. Its very interesting to bargain with people about the price of clothes. Sometimes I go there just to look around.

저는 보통 동대문시장에 갑니다. 여기는 저렴한 가격과 최신 유행으로 유명한 장소이기도 하고 옷 가격을 대폭 할인해서 파는 것도 좋습니다. 가끔 구경만 하러 가기도 합니다.

write yourself

Q What are your favorite sports? / What kind of sports do you like?

가장 좋아하는 스포츠는 무엇인가요? / 어떤 종류의 스포츠를 좋아하나요?

A I like all kinds of sports but I really like to watch and play soccer. I am not very good at it but it is still fun. My favorite team is Manchester United and my favorite player is Park Ji Sung. I think he is so talented.

저는 모든 스포츠를 좋아하지만 축구를 보고, 또 하는 것을 좋아합니다. 잘하지는 못하지만 재미있습니다. 제가 가장 좋아하는 팀은 맨체스터 유나이티드이고 가장 좋아하는 선수는 박지성입니다. 그는 정말 재능이 뛰어나다고 생각합니다.

I enjoy almost all sports, but I especially like swimming. I can do it very well. I learned it from my friend who majored in Sports Science.

저는 모든 종류의 스포츠를 좋아하지만 특히 수영하는 것을 좋아하고 잘합니다. 스포츠를 전공으로 하는 친구들에게 배웠습니다.

write yourself

Q Can you swim? / Do you go swimming often?

수영할 수 있나요? / 얼마나 자주 수영하러 가나요?

A I can swim very well and I try to go swimming at least two or three times a week. There is a swimming pool near my apartment so it is easy for me to go when I can find the time.

전 수영을 잘하고, 또 일주일에 두세 번 정도 수영을 하러 갑니다. 저희 집에서 가까운 곳에 수영장이 있어서 시간이 있을 때 가서 수영을 합니다.

write yourself

---

09 Interests / Hobbies

Q

What kind of music do you like? Who is your favorite singer?

어떤 종류의 음악을 좋아하나요? 가장 좋아하는 가수는 누구인가요?

A

Actually my preference in music is a little strange. I like hip hop music. Most girls my age are into pop music or ballads but hip hop is fast, loud, and fun. When I am listening to my music I am able to just relax and let myself go. It helps me to relieve my stress.

제가 좋아하는 음악장르는 약간 특이합니다만 힙합을 가장 좋아합니다. 제 또래의 대부분의 여자들은 팝음악이나 발라드를 좋아하지만 힙합은 빠르고, 크고, 신이 납니다. 음악을 들을 때는 휴식을 취하면서 즐길 수 있으며 스트레스 해소에도 좋습니다.

write yourself

제10절 Travel / Vacation

승무원은 직업의 성격상 해외여행을 할 수 있는 기회를 항상 갖게 되는 만큼, 응시자가 여행에 대한 관심과 흥미를 표현한다면 승무원으로서 어느 정도 적임자라고 판단할 것이다. 자신이 경험한 여행에 관해 흥미롭게 얘기하고 소개해 보라. 설령 해외여행이 아니라고 해도 뭐든 여행에 관한 경험을 이야기하도록 한다. 그리고 항상 그 이유를 짧게 덧붙이도록 한다.
또한 어떠한 지역이나 나라에 대해 이야기할 때 부정적인 내용보다 긍정적이고 인상 깊었던 점을 소개하는 것이 바람직하다.

Q

Have you ever been abroad? / Have you ever traveled abroad? / Where have you been?

해외에 가본 적 있나요? / 해외로 여행해 본 적 있나요? / 어디로 갔나요?

A

No, I have never been abroad but it has always been my dream to travel to so many places. I am so envious of my fellow students who have had the opportunity to do so. Unfortunately, I've never been abroad. But I plan to go to Europe after I graduate from junior college.

아니요, 한 번도 여행을 가본 적은 없지만 많은 장소로 여행을 하는 것이 저의 꿈입니다. 그래서 그렇게 할 수 있었던 친구들이 부러웠습니다. 한 번도 여행을 간 적이 없지만 1학년을 마친 후에 유럽에 갈 생각입니다.

Yes, when I was in high school my parents took my brother and I to Bali, Indonesia. This was one of the best times of my life. I was able to meet people from different cultures, see beautiful white sandy beaches, and experience a very diverse culture.

네. 제가 고등학교에 다닐 때 부모님과 오빠와 함께 발리에 갔던 적이 있습니다. 이때는 제 인생에서 가장 행복했던 때였습니다. 다른 문화를 가진 사람들을 만나고, 아름다운 하얀 백사장을 보고, 다양한 문화를 경험할 수 있어서 좋았습니다.

On my trip to Guam I went with my family because of my fathers vacation.

아버지의 휴가로 인해서 괌으로 가족들과 함께 여행을 했습니다.

I went to Hawaii with a friend during summer vacation last year. I had a good time wind-surfing and shopping. I had a chance to speak English and increase my confidence in the language. I was surprised to find so many local people speaking Korean.

지난해 여름방학 동안에 친구와 함께 하와이에 갔었습니다. 윈드서핑과 쇼핑을 하면서 즐거웠고, 영어를 할 수 있는 기회도 있어서 언어에 대한 자신감도 얻었습니다. 그런데 많은 현지사람들이 한국말을 할 수 있어서 조금 놀랐습니다.

When I was a sophomore, I traveled around Europe for a month with a friend. We set our own itinerary. It was very difficult to make arrangements for planes, trains and hotels but it gave me some good experiences. I think that experience made me responsible, sociable and stronger. I learned a lot from that.

제가 대학교 2학년이었을 때, 친구와 함께 한 달 동안 유럽여행을 했었습니다. 우리만의 일정을 세웠었는데, 비행기, 기차, 호텔 등을 예약하는 것이 좀 힘들었지만 좋은 경험이었습니다. 그러한 경험들이 저를 책임감 있고 사회적이며 강한 사람으로 만들어준다고 생각합니다. 여행을 통해 많은 것을 배웠습니다.

write yourself

Q Did you travel alone? / Do you prefer to travel alone or with others?

혼자 여행했나요? / 혼자 여행하는 것이 좋은가요, 아니면 다른 사람들과 함께하는 것이 좋은가요?

A I am not sure if I prefer to travel alone or with others. I think that there are pros and cons with each. If I am alone then I am able to go on my own schedule but I can also get very lonely. If I travel with other people I am never lonely but then I have to make compromises on what I do and when I do things. Traveling along and traveling with people are good for different reasons.

저는 제가 혼자 여행하는 것을 좋아하는지 다른 사람들과 여행하는지를 잘 모르겠습니다. 두 가지 다 장단점이 있다고 생각하는데, 혼자 여행하면 혼자 스케줄을 정할 수 있지만 외롭고, 다른 사람들과 함께 여행을 하면 외롭진 않지만 무엇을 하고, 언제 해야 할지에 대해서 타협을 해야 하는 단점이 있습니다. 혼자 여행하고 사람들과 여행하는 것은 각자 다른 좋은 점이 있다고 생각합니다.

write yourself

Q Why did you go there?

왜 거기에 갔나요?

A My father had worked a long time in his company without a vacation so finally he decided to treat himself and us. We spent 2 weeks doing a lot of tours and relaxing on the beautiful beaches.

아버지는 회사에서 휴가도 없이 열심히 일만 하셔서, 결국 우리와 당신 자신을 위해서 여행을 하러 가기로 했습니다. 우리는 2주 동안 많은 관광을 하고 아름다운 해변에서 휴식을 취하면서 보냈습니다.

write yourself

Q **What did you do there?**
거기에서 무엇을 했나요?

A Everyday that I was there I was always busy. We did bicycle tours up a volcano one day and went to a monkey forest another. I also spent a lot of time on the beaches and I got sun burnt really badly. This was my first big trip and one I will never forget.

거기에 있는 하루하루가 바빴습니다. 저희가 한 화산에 자전거를 타고 여행을 하고 또 해변에서 많은 시간을 보냈었는데 햇볕이 매우 따가웠습니다. 이것은 저에게 특별한 첫 번째 여행이었고 절대 잊을 수 없는 경험입니다.

write yourself

Q **What is your most memorable experience from all your travels?**
여행에서 가장 기억에 남는 경험은 무엇인가요?

A I have to say my most memorable experience was at the monkey forest just outside of Kuta in Bali. My dad put his camera down for a minute just so he could get a drink. The next time we looked, a monkey had it. The animal trainer had to come and get it back but it made everyone around my father laugh so much. My dad did not find it funny.

가장 인상 깊은 기억은 발리의 쿠타 밖의 원숭이 숲에서 있었던 일입니다. 아버지가 카메라를 잠시 내려놓고 음료수를 마시는 사이에 원숭이 한 마리가 그것을 가지고 갔습니다. 동물조련사가 우리한테 와서 그것을 다시 돌려줬었는데 아버지 주위에 있던 모든 사람들은 크게 웃었는데 저희 아버지는 즐겁지 않으셨죠.

write yourself

Q

Which cities did you like best so far?

지금까지 가장 최고의 도시는 어디였나요?

A

I have not been able to travel a lot in my life yet so I have to say Kuta was the best because, although it was small, it had everything I wanted. I was able to shop in the day and have a lot of fun at night with clubs and other activities around. Also, it was always so warm, nothing like Korea.

지금까지 많은 여행을 하지 않았지만 쿠타가 최고였다고 생각합니다. 작은 도시지만 제가 원하는 모든 것이 있었습니다. 낮에는 쇼핑을 할 수 있었고 밤에는 클럽과 많은 즐길거리가 있었습니다. 또한 한국에서는 없는 항상 따뜻한 날씨여서 좋았습니다.

write yourself

Q

How different was it from Korea?

한국과 다른 점은 무엇인가요?

A

Seoul and Kuta are different in a lot of ways. The first, and biggest, was the weather and temperature. It was hot and sunny everyday while I was in Kuta. The next has to be the size; Kuta was so small that it seemed everyone knew each other while in Seoul you can walk all day and not see a single person you know. Finally, in Kuta everyone always seemed relaxed but, as you know, in Korea most people are always concentrated on business.

서울과 쿠타는 많은 면에서 다르다고 생각하는데 첫 번째 가장 크게 다른 점은 날씨와 온도라고 생각합니다. 제가 쿠타에 있을 동안에는 매일 덥고 햇빛이 밝았습니다. 두 번째로 쿠타는 모든 사람이 알고 있듯 이 매우 작은 지역이라서 모든 사람들끼리 서로를 알고 서울처럼 혼자 다니는 사람을 볼 수 없습니다. 마지막으로 쿠타는 모든 사람이 항상 여유 있는 데 반해 대부분의 한국사람들이 일에 열중하는 것이 다르다고 생각합니다.

write yourself

Q

What's the biggest cultural difference between Korea and North America (Canada / USA)?

한국과 북아메리카(캐나다, 미국)의 가장 큰 문화적 차이점은 무엇인가요?

A

I think the biggest cultural difference between Korea and North America is our school system. I am not going to say which one is better because I am sure there are problems with both. In Korea we go to school all day then after school we have to spend hours in academies studying English, math, piano, or other things just to stay competitive with our peers. In North America children go to school from 9 am to 3 pm but then are often free to go out and spend time with their friends or do other school activities. I think they learn more social skills while we often learn more academic skills.

한국과 북아메리카의 가장 큰 문화적인 문제점은 학교제도라고 생각합니다. 어느 것이 더 낫다고 말할 수는 없지만 양쪽 다 단점이 있다고 생각합니다. 한국에서는 매일 학교를 가야 하고 학교가 끝난 다음에는 또래들 사이에서 경쟁을 위해서 영어공부, 수학, 피아노, 다른 것들을 공부하기 위해 또 학원에서 시간을 보내야 하지만 북아메리카 어린이들은 9시에서 3시까지 학교에 있고 그 후에는 외출해서 친구들과 시간을 보내거나 다른 방과 후 활동을 하는 등 자유롭습니다. 우리는 학문적인 공부를 하는 반면에 그들은 사회적인 능력을 배운다고 생각합니다.

write yourself

Q **Have you ever been in a difficult situation while traveling?**
여행하는 동안 어려운 문제에 직면한 적이 있었나요?

A When I was away in Korea on a trip without my family I had my digital camera with me and I accidentally left it in a taxi. As soon as I noticed I went to a police station but I never did get my camera back. I had a very difficult time explaining my situation to the police. My father was very angry with me.

가족들과 외국에서 여행을 했을 때 디지털카메라를 우연히 택시에서 놓고 내린 적이 있습니다. 제가 카메라를 잃어버렸다는 것을 알자마자 경찰서에 갔지만 찾을 수 없었습니다. 특히 경찰에서 제 상황을 설명하는 것이 너무 힘들었었는데 그 일 때문에 아버지가 크게 화가 나셨습니다.

write yourself

Q **If you became a flight attendant, where would you like to go?**
당신이 승무원이 된다면, 어느 나라에 가장 가고 싶은가요?

A If I became a flight attendant I would love to go to so many places throughout Europe. There is so much history there and so many things to do. I would love to experience everything possible in so many different countries.

제가 승무원이 된다면 유럽의 많은 나라들을 가고 싶습니다. 풍부한 역사와 할 것들이 많기 때문에 여러 나라에서 가능하면 모든 것을 경험하고 싶습니다.

I want to visit Seattle. I want to see the sleepless nights of Seattle and spend my Christmas at the Empire State building in New York.

저는 시애틀에 가서 '시애틀의 잠 못 이루는 밤'을 보고 싶고, 뉴욕 엠파이어스테이트 빌딩에서 크리스마스를 보내고 싶습니다.

I would like to visit Dubai. This region of Arabia is the land of surprises and magic.

저는 두바이에 가고 싶습니다. 아랍지역은 놀라운 마법의 땅이라고 생각합니다.

write yourself

Q **Do you have any plans for this vacation? / Where would you like to go on vacation?**

이번 방학 동안 어떤 계획이 있나요? / 방학에 어디에 가고 싶나요?

A I am making plans now to travel with my friend this summer vacation. Although neither of us have a lot of money, we are saving now so that we can all go to Japan together. Japan is very expensive but there are a lot of things to see and do. We hope to travel for a week. I have seen pictures and it always looks so clean there.

저는 여름방학에 친구와 함께 여행할 계획을 세우고 있습니다. 저희 둘 다 돈이 많지 않지만, 일본에 가기 위해서 돈을 모으고 있습니다. 일본은 비싸지만 할 것도 많고 볼 것도 많다고 생각합니다. 일주일 동안 여행할 계획인데 제가 사진으로 본 일본의 모습은 정말 깨끗해 보입니다.

write yourself

Q

What place would you recommend for foreigners to visit? / What would you recommend to a passenger who wishes to take a sightseeing tour of Seoul?

외국인에게 추천해 줄 수 있는 장소가 있나요? / 서울관광을 원하는 승객에게 추천해 줄 수 있는 장소는 있나요?

A

I would recommend that the tourist take the Seoul City Tour bus. This way he or she can see so many different things. Seoul has a lot of tourist attractions to see such as the Seoul Tower, Gyeongbok Palace, Namdaemun, and Gwanghwamun.

저는 관광객에게 서울투어버스를 타라고 추천해 주고 싶습니다. 이것을 타면 서울의 서울타워, 경복궁, 남대문, 광화문 등과 같이 볼 만한 관광지들을 많이 볼 수 있습니다.

I would like to recommend Insadong to them. It is a traditional Korean place. You can enjoy Korean traditional customs and shops for souvenirs.

저는 인사동을 추천해 주고 싶습니다. 이곳은 전통적인 한국의 장소로, 한국 전통문화를 즐기고 기념품을 살 수 있습니다.

write yourself

Q

Can you tell me about Jeju Island?

제주도에 대해서 말해줄 수 있나요?

A

Jeju is a small island off of the south of Korea. It is the hottest place in Korea and has many beautiful beaches. It is nicknamed "The Hawaii of Korea". There are many things to see and do there such as climbing Halla Mountain, going to the Teddy Bear Museum, or even just relaxing on the beach. In the past I have traveled there with my family many times.

제주도는 남한에서 떨어진 작은 섬입니다. 한국에서 가장 덥고 많은 아름다운 해변이 있어서 "한국의 하와이"라는 이름이 붙여졌습니다. 한라산 등산, 테디베어 박물관을 가거나 해변에서 휴식을 취하는 것과 같이 많은 볼 것과 할 것이 있습니다. 옛날에는 가족들과 여러 번 그곳을 여행하기도 했었습니다.

write yourself

Q

How can you introduce Myungdong / Seoul to foreigners?

외국인에게 명동 / 서울에 대해서 어떻게 설명할 건가요?

A

When I was explaining Myungdong to foreigners I would say that it is a great place to visit and go shopping. There are a lot of nice restaurants and coffee shops if you just want to relax and meet nice people. I would say in Seoul that there are so many amazing things to see such as Kyungbok Palace, Seoul Tower, or Seoul Art Center. I would recommend that the tourist get a Seoul City Tour.

외국인에게 명동에 대해서 설명한다면 쇼핑하기에 좋은 장소라고 말해 주고 싶고, 사람들을 만나서 이야기하고 싶으면 훌륭한 음식점과 커피숍이 많다고 말해 주고 싶습니다. 또 서울은 경복궁, 서울타워, 서울미술관처럼 좋은 곳이 많고, 특히 서울시티투어버스를 타보라고 권하고 싶습니다.

write yourself

제11절 Spare Time

승무원은 일반 직장인에 비해 해외체류 시 혹은 비행 후 자신의 여가시간을 충분히 갖게 되는데 이 시간을 어떻게 이용할지 궁금증을 갖고 묻는 질문이다.
그냥 특별히 하는 일이 없다든지 하는 답변보다 가급적 자기계발과 관련하여 꾸준히 실천해 오는 취미나 특기와 관련한 이야기를 간략히 소개하는 것이 좋다.

Q

What do you do on weekends?

주말에 무엇을 하나요?

A

On weekends I usually try to meet up with my friends. Since we all started college we don't have the chance to see each other much because we have to live in different areas and we are so busy with our studies. The weekends are our time to catch up with each other. Usually we go to a movie or eat dinner together.

주말에는 친구들을 만나려고 노력합니다. 우리 모두 대학교에 들어가 다른 지역에서 살아야 하고 자기 공부 때문에 바빠서 서로를 만날 기회가 없습니다. 주말은 서로 시간이 괜찮아서, 보통 영화를 보거나 밥을 먹으러 갑니다. 가끔씩은 저희 집에 친구들을 초대해서 맛있는 음식을 만들어 먹기도 합니다.

write yourself

Q

What did you do last weekend?

지난주에는 무엇을 했나요?

A

Last weekend I went home to see my family. My father was getting angry because I had not been home in a long time and he missed me. On Saturday we went to the Han River for a picnic and on Sunday we went to church together. After that, I helped my mom cook a great dinner. It was a nice relaxing weekend.

지난주에 가족들을 만나러 집에 갔습니다. 제가 오랫동안 집에 오지 않아서 아버지께서 저를 많이 보고 싶어 하셨습니다. 토요일에는 한강에 소풍을 가고, 일요일에는 함께 교회에 갔고 그 후에는 어머니가 식사 준비하시는 것을 도와드렸습니다. 편안하고 즐거운 주말이었습니다.

write yourself

Q

What are you going to do this weekend?

이번 주에는 무엇을 할 예정인가요?

A

This weekend is my friends' birthday so we are having a surprise party for her. We have reserved a nice restaurant and we have all bought gifts. It is going to be so much fun. I am really excited.

이번 주에는 친구의 생일이라서 그 친구를 위해 파티를 준비하는 중입니다. 친구들끼리 좋은 레스토랑을 예약하고 선물을 샀습니다. 정말 재미있을 것 같아서 기대가 됩니다.

write yourself

Q **What do you do in your spare time? / How do you spend your free time?**

여가시간에 무엇을 하나요? / 여가시간을 어떻게 보내나요?

A I am usually busy but when I have free time I enjoy reading or cooking. I try to read every night before I go to bed. I really love cooking but I don't use recipes, I just add what I think would be good to my food.

바쁘지만, 여가시간이 있을 때 책을 읽거나 요리하는 것을 즐겨합니다. 자기 전에는 매일 밤 책을 읽으려 노력하고 레시피를 사용하지 않고 요리하는 것을 좋아합니다. 음식에 넣었을 때 좋을 것을 생각하면서 요리를 만듭니다.

write yourself

제12절 Health

승무원에게 있어 건강관리는 매우 중요한 요소이므로 나름대로 균형 있는 건강한 체력관리를 위해 어떠한 생활습관을 갖고 있는지, 어떠한 운동을 하고 있는지 등에 관해 흥미롭게 이야기하도록 한다.

Q

How can you keep your health?

어떻게 건강을 유지하나요?

A

I think keeping good health requires Three important things; eating healthy, exercising regularly, and keeping a positive mind. With a positive mind you are happier and have less stress.

건강을 유지하기 위해서는 세 가지가 필요하다고 생각합니다. 건강하게 먹기, 규칙적으로 운동하기, 긍정적으로 생각하기입니다. 긍정적인 생각을 하는 것은 행복하게 해주고 스트레스를 줄여줍니다.

I have always been in good health. I often go swimming or play tennis and hike with friends on weekends and holidays.

저는 항상 건강상태를 유지합니다. 저는 자주 수영이나 테니스를 즐겨하고 주말이나 휴일에는 친구들과 하이킹을 하기도 합니다.

write yourself

Q

What food is good for your health?

건강에 어떤 음식이 좋다고 생각하나요?

A

I think it is important to have a wide variety of foods in your diet so you can get all the nutrients you need to stay healthy. When I was younger I was taught about the food pyramid in school so I always try to follow that.

건강을 위해서는 다양한 음식을 먹는 것이 중요하고, 영양가 있는 음식을 먹는 게 좋다고 생각합니다. 제가 어렸을 때 학교에서 음식피라미드에 대해서 배웠고 그것을 따르려고 합니다.

write yourself

Q

What do you think of women smoking?

여성흡연에 대해서 어떻게 생각하나요?

A

I think it doesn't matter if you are a man or a woman, smoking is not good. It makes your clothes smell bad, it is bad for your health, and it turns your hands and teeth yellow.

남자이거나 여자이거나 그것은 문제가 되지 않지만, 흡연은 건강에 좋지 않다고 생각합니다. 옷에 냄새가 배고, 건강에도 나쁘고, 손과 이빨이 노랗게 변하기 때문입니다.

write yourself

Q

How is your health? / Do you think you are healthy?

당신의 건강은 어떤가요? / 본인이 건강하다고 생각하나요?

A

I think I am healthy. I try to exercise whenever I can and I also try to eat healthy food. I hardly ever eat sweets and I usually only snack on fruit.

저는 건강하다고 생각합니다. 시간이 있을 때마다 운동을 하고, 건강에 좋은 음식을 먹습니다. 또 단것을 잘 먹지 않고 간식으로 과일을 먹습니다.

write yourself

Q

Do you drink? / What is your limit? / What kind of alcohol beverage do you like?

술을 마실 수 있나요? / 주량은 어느 정도인가요? / 어떤 종류의 술을 좋아하나요?

A

I sometimes drink on weekends but not very often. I don't really like the taste of most alcohols. My friends usually try to pressure me into it. My limit is not very high because I don't go out often.

가끔 주말에 술을 마시지만, 자주 마시지는 않습니다. 저는 알코올 맛을 싫어해서 가끔 친구들에게 지적을 받는데, 주량이 많지는 않습니다.

I can't drink a lot, but I like the relaxed atmosphere being with people. I like drinking cocktails with friends.

술을 많이 마시지는 못하지만 사람들과 함께 있는 편안한 분위기를 좋아해서 사람들과 칵테일 마시는 것을 좋아합니다.

write yourself

제13절 Stress

승무원은 각양각색의 승객을 대하는 업무성격상 스트레스를 많이 느끼는 대표적인 직업이므로 평소 자신이 스트레스를 받을 때 어떻게 극복해 나가는지 예를 들어 설명하는 것이 바람직하다. 자신이 즐겨하는 취미를 통해 스트레스를 해소한다거나, 매사 즐겁게 생활하고 무엇보다 밝고 원만한 성격으로 쉽게 스트레스를 받지 않는 편이라는 이야기들이 덧붙여지면 더욱 좋을 것이다.

Q **Can you endure pressure during times like these?**

이런 시간과 같은 스트레스를 견딜 수 있나요?

A I do feel stressed sometimes but I feel I can handle pressure pretty well. If I take my time to prepare for things, then it often takes a lot of the stress out of the situation.

가끔 스트레스를 받지만 잘 조절합니다. 제가 어떤 것을 잘 준비하려고 할 때 상황에 따라서 스트레스를 많이 받습니다.

write yourself

Q

When do you get stressed out?

언제 스트레스를 받습니까?

A

I often get stressed out when I feel overloaded with work. As I said before, I try to be involved in everything so that I am always busy but this causes me to have too much work and I get stressed about not having time to finish everything.

일이 너무 많을 때 스트레스를 받습니다. 제가 말씀드렸듯이, 항상 바쁘게 살기 위해서 많은 활동에 참여했었는데 너무 많은 일을 해야 했고, 모든 것을 끝낼 시간이 없을 때 스트레스를 받습니다.

write yourself

Q

How do you handle your stress? / How do you manage stress in your daily work?

어떻게 당신의 스트레스를 조절하나요? / 매일 일에서 어떻게 스트레스를 조절하나요?

A

I try to plan my day well so that I don't become stressed. Usually if I make a schedule for the upcoming day I stick to it the best I can, then I don't have a problem with stress. All of my major tasks I try to break down into smaller parts so that I don't feel overwhelmed. This really helps me a lot with not becoming stressed.

스트레스를 받지 않기 위해서 하루를 잘 계획하려고 노력합니다. 보통 다음 날을 위해 스케줄을 짤 때, 그것을 제가 할 수 있는 한 최선으로 하려고 만들기 때문에 스트레스를 받는 문제는 없습니다. 중압감을 느끼지 않기 위해서 주 업무를 더 작은 업무로 쪼개서 하려고 하는 편입니다. 이것은 일에 대한 스트레스를 조절하는 데 도움이 됩니다.

My objective is to live happily. I can adjust to any difficult problems. I always say "Let's be patient" and I try to think that I'm happy.

저의 목표는 행복하게 사는 것입니다. 그래서 어떠한 어려운 문제에 대해서도 견딜 수 있고, 항상 스스로에게 "인내하자"고 말하고, 행복하다고 생각하려고 노력합니다.

I usually go for a walk. This allows me to relax and forget about the day.

저는 걷는 것을 좋아합니다. 걸을 때 편안하고 그날에 대해서 잊을 수 있습니다.

write yourself

Q

What kinds of situations really make you depressed?

어떤 상황이 당신에게 좌절을 주나요?

A

I get depressed when I am really looking forward to doing something and, for one reason or another, the event gets cancelled or the friend I was going to spend time with cancels on me. I am usually so busy that it is hard for me to get time for myself, so when I do, I get excited about it.

제가 무언가를 진정으로 원할 때 하나의 이유에서든 다른 이유에서든 그 일이 취소되거나 만나기로 했던 친구가 약속을 취소할 때 스트레스를 받습니다. 저는 보통 바빠서 제 자신을 위해서 시간을 갖는 것이 힘든데, 시간이 있을 때는 좋습니다.

write yourself

Q

Can you work under pressure?

스트레스를 받으면서 일할 수 있나요?

A

I thrive on working under pressure. I always seem to be busy or have a lot of responsibilities so there are a lot of deadlines in my life as well. With so many deadlines I feel a lot of pressure and thus have gotten used to it. I always stay calm, put all the things that I have to do in order of importance, and then get to work at them.

저는 항상 많은 일을 하려고 해서 스트레스를 받지만 스트레스를 잘 조절할 수 있습니다. 항상 차분하게 있고, 중요한 순서에 따라서 일을 바로 처리합니다.

write yourself

Q

How do you cope with tension?

어떻게 긴장을 해결하나요?

A

Whenever I feel tension I try to calm myself through deep breathing then, when I am at my home for the evening I like to go out and exercise. This exercise helps me to forget about my problems at hand and lets me relax, at least for a few minutes. When I return I feel refreshed and energized.

긴장을 느낄 때마다 저녁에 나가서 운동을 하며 깊은 숨을 들이마시고 저를 진정시킵니다. 이런 운동이 제 고민을 잊는 데 도움이 되고 또 최소 몇 분 동안은 편안하게 다시 상쾌한 기분을 느낄 수 있습니다.

write yourself

제14절 Part-time Jobs

재학 중에 아르바이트 등의 사회 경험이 있는지를 묻는 질문이다. 누구나 한번쯤은 경험이 있을 것이므로 가급적 승무원의 서비스업무와 연관 지어서 그 일을 통해 얻은 점을 위주로 흥미롭게 얘기해보자. 간단한 경험사례가 있다면 덧붙여도 좋을 것이다.
서비스분야에서의 경험은 특히 면접에서 관심 깊게 평가하는 부분임을 유념하라.

Q

Did you work during college? If so, what did you do with the money you earned?

대학교를 다니는 동안에 일을 했나요? 일을 했다면 그 돈으로 무엇을 했나요?

A

No, I didn't work during college. I spent most of my time focusing on my studies or my extra curricular activities.

대학교 다니는 동안에 일을 하지 않았습니다. 저는 보통 공부와 과외활동에 초점을 맞춰서 시간을 보냈습니다.

Yes, I had a part-time job working at a wedding hall during my college years. It was a good opportunity for me to practice the skills I had been learning in school. I was also able to meet a lot of great people. Any money I earned I tried to save for my future. I wanted to be responsible with my money so that I didn't have to rely on my parents later in life.

네, 대학시절 동안에 웨딩홀에서 아르바이트를 한 적이 있습니다. 이것은 학교에서 배웠었던 기술들을 활용할 수 있어서 좋았고, 또 좋은 사람들을 많이 만날 수 있었습니다. 제가 번 돈을 저축하기도 했는데 나중에 부모님에게 의지할 수 없을 때 제가 번 돈을 쓰려고 합니다.

write yourself

Q

What did you learn through this part-time job?

아르바이트를 통해서 배운 것은 무엇인가요?

A

In my part-time job I learned how to work with the public in a polite, business-like manner. At times, some customers got angry over things that were beyond my control and although I felt upset I learned how to deal with these customers showing respect and a smile.

아르바이트를 통해서 제가 배운 것은 사람들에게 예절을 지키고 일하는 것, 서비스매너입니다. 몇 분의 손님들이 제가 할 수 없는 일에 대해서 화를 내는 경우엔 화가 나기도 했지만 이런 손님들을 존중하고 미소 지으며 대하는 것을 배웠습니다.

My past work experiences have given me numerous opportunities to work in customer relations. I consider myself a people person. My communication skills make me an excellent candidate for this job.

저의 과거 직장 경험은 고객관계에 있어서 많은 경험을 주었습니다. 저는 제 자신이 사람다운 사람이고 제 의사소통기술이 저를 이 직업에 있어서 훌륭한 적임자로 만들어준다고 생각합니다.

write yourself

Q

What experience do you have for this job?

이 직업을 위해서 어떤 경험을 가지고 있나요?

A

I feel that I gained a lot of experience in my part-time job that will help me with a job in your company. I learned how to be polite, how to deal with difficult situations under pressure, and how to handle heavy workloads. All of these are things that I am sure I will encounter in any company from time to time.

많은 아르바이트를 통해서 얻은 경험은 귀사의 일을 하는 데 도움이 될 것이라고 생각합니다. 저는 정중하게 사람을 대하는 방법, 어려운 상황을 처리하는 방법, 과한 업무를 처리하는 방법을 배웠습니다. 이러한 것들 모두가 어떤 상황에서, 어느 회사에서나 부딪힐 수 있는 일을 해결할 수 있다고 생각합니다.

write yourself

Q

Why didn't you have any part-time jobs when you were in school?

학교 다닐 때 왜 어떤 아르바이트도 하지 않았나요?

A

I didn't have a part-time job when I was in school because I was always trying to focus on my studies. I was afraid that if I worked I would be neglecting my studies. Instead of working I was involved in a lot of school activities. These things kept me busy and I was always motivated because I spent so much time around school.

제가 학교를 다닐 때 어떤 아르바이트도 하지 않았던 이유는 학교생활에 초점을 맞추려고 했기 때문입니다. 일을 하면 공부에 소홀해질 것 같아서 일하는 것 대신 많은 학교생활에 참여했습니다. 학교생활을 통해서 많은 시간을 보냈기 때문에 바쁜 상황이 항상 동기부여가 되게 해주었습니다.

write yourself

제15절 Work Experience

사회 경력, 특히 서비스관련 업무에 근무한 경험이 있다면 더더욱 면접관은 매우 관심을 갖고 직위, 급료, 근속연수, 담당 직무 등에 대해 질문할 것이다. 그리고 이직 사유에 대해서도 관심을 가질 것이다. 승무원과 관련이 없는 직업이었다고 하더라도 지금까지의 경력이 앞으로의 회사생활에 어떤 긍정적인 영향을 줄 수 있을지를 피력하라. 외국연수 경험이나 자격증 취득, 인턴십 등에 관한 경험도 승무원직업과 연관시켜 구체적으로 설명한다면 충분히 강점이 될 수 있다. 그러한 경험들을 바탕으로 회사에서 무엇을 어떻게 발전시킬 것인지를 밝힌다.
특히 이전 직장에서의 어려웠던 문제점들에 관한 질문에 대해서는 솔직하게 답하되 부정적인 견해보다는 문제점들을 해결하기 위해 노력했던 사례를 중심으로 이야기하도록 한다.

경력자의 경우 자신의 최근 이력서를 참고로 다음 사항을 정리해 보라.

- 경력내용(회사명, 직위명)
- 어떻게 지원하게 되었는가?
- 근무 내용, 주요 직무(책임)
- 과거경력에서 가장 좋았던 점, 애로사항
- 뛰어난 실적
- 사직이유
- 과거 직업을 어떻게 경력으로 살려 나가고 싶은가?
- 바람직한 기업의 조건은 무엇이라고 생각하는가? 어떤 기업에서 일하고 싶은가?

Q

What do you do for a living? /
Can you tell me about your current job?
당신의 현재 직업은 무엇인가요? / 현재 직업에 대해서 말해 줄 수 있나요?

A

As of right now I don't have a job because I am finishing college and concentrating hard on getting a job with your company.

아직 학업을 끝내지 않았고 귀사에 들어가기 위해서 준비하고 있기 때문에 지금은 직업이 없습니다.

Now I am working full time at an English language Institute. It is not easy work because I work with small children all day but I love to see the smiles on their faces. This is not what I want to do for my life but I needed to have a job to earn money while I pursue my dream of working for you.

지금 어학원에서 직원으로 일하고 있습니다. 하루 종일 어린 아이들과 함께 일해야 하기 때문에 쉬운 일은 아니지만 아이들의 미소를 보는 게 좋습니다. 제가 원하는 삶은 아니지만 귀사에서 일하는 것을 준비하기 위해서는 직업을 가져야 한다고 생각했습니다.

write yourself

Q

Do your customers / clients enjoy working with you?

당신의 고객은 당신과 함께 있는 것을 좋아하나요?

A

As I previously mentioned, I work with children. I really think they enjoy my classes. We are always smiling and laughing together and they are still learning. I feel like I am an older sister to a lot of them.

제가 말씀드렸듯이, 저는 어린이들과 함께 일합니다. 우리는 항상 웃으면서 함께하고 아이들을 가르칠 때 제 수업을 즐긴다고 생각합니다. 저는 많은 아이들의 언니 같습니다.

write yourself

Q **Who was the most memorable client you had at your previous job?**

이전 직장에서 당신이 만났던 가장 인상 깊은 고객은 누구인가요?

A My most memorable student was a three year old boy who would not leave my side the whole day at school every day. If I went to another class he would start to cry and not stop until he was allowed to come with me. I will never forget him.

가장 인상 깊은 학생은 매일 학교에서 제 곁을 떠나지 않던 3세 남자 아이였습니다. 제가 다른 교실로 가면 저한테 올 때까지 계속 울기 시작해서 울음을 멈추지 않았는데 절대 그 아이를 잊을 수 없을 것입니다.

write yourself

Q **What was your greatest problem in your last job?**

지난번 직장에서 가장 큰 문제점이 무엇이었나요?

A The greatest problem in my last job was trying to keep the students motivated to study. They were young children so it was hard to keep their attention for a long period of time. I have a lot more respect for my teachers now.

지난 직장에서 있었던 가장 큰 어려움은 학생들에게 계속 공부하라고 주의시켰던 것입니다. 어린 아이들이라서 오랜 시간 동안 주의를 끄는 게 힘들었고, 그것을 통해서 지금은 선생님들에게 더 많은 존경심을 느끼게 되었습니다.

write yourself

Q **What was the most difficult customer service problem you had to face in your last job? (Department store)**
지난 직장에서 당신이 겪었던 가장 어려운 고객서비스 문제점이 무엇이었나요?(백화점)

A When I worked in a department store I had a customer try to return a product that had obviously been used. I explained to her politely that I was unable to give her a return, at which time, she got angrier. I then took her to a place where she could not create a scene in front of the other customers and I gave her more reasons on why the product could not be returned. My manager happened to walk by, saw the situation, and agreed with me. We apologized and she accepted this. After this situation my manager praised me for how well I handled it.

백화점에서 일했을 때 한 고객이 사용한 제품을 환불하려고 해서, 정중하게 환불을 할 수 없다고 설명했었습니다. 그때 그 손님이 화를 내셔서, 제가 그 손님을 다른 장소로 모시고 가서, 상품이 환불되지 않는 더 많은 이유들을 설명해 드렸습니다. 이때 매니저는 지나가다가 이 상황을 봤고, 같이 손님에게 사과를 했습니다. 손님은 사과를 받아들였고, 이 상황 후에 매니저는 제가 잘 대처한 것에 대해서 칭찬을 해주셨습니다.

write yourself

Q **What are two of the biggest problems you've encountered at your job and how did you overcome them?**
당신의 직업에서 겪었던 두 가지 문제점이 무엇이고, 어떻게 극복했나요?

A One big problem I had in my previous job was when a customer was very angry at me and would not calm down. I was unable to return a product for her and she would not accept that I was not allowed. I stayed calm with her and eventually she slowly calmed herself. I explained why I could not give her the return and she accepted this.

Another problem I had at work was at the end of my shift and we were counting our cash and my cash was short by a small amount. We searched everywhere and I was getting upset but shortly after we found that the money slipped down under the cash tray and into the register. I was so relieved and have been more careful ever since.

지난 직장에서 겪었던 첫 번째 문제는 한 손님이 화가 많이 나서 진정하지 않았던 일입니다. 환불해 드릴 수 없는 물건에 대해서 계속 환불을 요구했고, 안된다고 말씀드렸는데도 받아들이지 않으셨습니다. 저는 끝까지 그분이 진정하는 것을 기다렸고 환불해 드릴 수 없는 이유를 설명해 드렸더니 나중에는 제 말을 받아들이셨습니다. 또 다른 문제는 교대할 때쯤에 돈을 세어봤는데 약간 모자라서 계속 돈을 찾았고 나중에 계산대 동전 정리함에 떨어진 것을 발견했습니다. 그제야 안심할 수 있었고, 다음번에는 더 조심하게 되었습니다.

write yourself

Q What has been your biggest disappointment (on the job)?

가장 크게 실망했던 일은 무엇인가요?(근무 중)

A The biggest disappointment on my previous job was partially my fault. I made a mistake in how I was serving a customer and my boss saw this. The customer was not angry because she understood it was just a mistake on my part but my boss became very angry and later in the day he disciplined me when there were no customers around. I felt very hurt.

이전 제 일에서 가장 실망했던 것은 부분적인 제 실수에 크게 혼난 점이었습니다. 제가 고객에게 서빙을 하다가 어떤 실수를 했고 상사가 이것을 보게 되었는데, 고객분은 이 일이 제 실수가 아니라고 생각해서 화를 내지 않았지만 상사가 크게 화를 냈던 일입니다.

write yourself

Q **What did you enjoy most about your last job?**

지난 직장에서 가장 좋았던 것은 무엇이었나요?

A In my last job I was working in a department store and what I enjoyed the most was working directly with the customers. It was always nice trying to help them and seeing how happy they were once I had given them great service. I am a real people person.

저는 이전에 백화점에서 일했었는데, 가장 좋았던 것은 손님을 직접 대하면서 일하는 것이었습니다. 손님을 도와드리고, 제 서비스를 받고 기뻐하는 손님을 봤을 때 행복했습니다.

write yourself

Q **What have you learned from your past jobs?**

과거 직장에서 배운 점은 무엇인가요?

A From my last jobs I learned a lot of things. I can now serve many different customers and have patience with them all, even if they are angry. I also learned how to use my time wisely because I often had a lot of tasks to do and remember. While I was working I was also a student so I had more responsibility than a lot of others in my jobs.

지난 저의 직장에서 많은 것을 배웠습니다. 지금은 많은 다양한 손님들에게 서빙을 할 수 있고 손님이 화가 났더라도 어떤 사람이든지 인내를 갖고 대할 수 있으며, 시간을 현명하게 사용하는 방법 또한 배웠습니다. 일을 할 때에도 학생이어서 더 많은 책임감이 생겼습니다.

write yourself

Q How do you handle tension with your boss?

상사와의 긴장을 어떻게 풀 수 있나요?

A I know it is important to keep a good working relationship with my boss so I think that in most situations I should concede to what he or she is saying. I also think that if I have a good idea that it is important for me to tell them to show I have a mind of my own.

저는 상사와 일하는 데 있어서 좋은 관계를 유지하는 게 중요하다고 생각해서 대부분의 상황에서 그분이 말하는 것에 대해서 인정합니다. 제가 좋은 생각이 있을 때 그것을 관철시키기 위해서 이것이 중요하다고 생각합니다.

write yourself

Q You said earlier that you were still working for ABC Corporation. How have you managed to attend this interview while still employed?

아직 ABC 회사에서 일하시는군요. 직장이 있으신데, 어떻게 오늘 면접에 참여하셨어요?

A I took time to sit down and talk with my boss about my future and explained that I have to prepare more for my future and that a job with your company would be a big step up for me. He understood my situation and was kind enough to give me the day off.

직장 상사에게 제 미래를 위해서 더 나은 길로 나아갈 수 있는 좋은 기회를 잡은 것에 대해서 말씀드렸더니 직장 상사께서 제 상황을 잘 이해해 주시고 오늘 휴가를 주셨습니다.

write yourself

Q

Tell me abut a problem you've had in the past getting along with a co-worker.

과거에 동료와의 관계에서 겪었던 문제에 대해서 말해 주세요.

A

When I worked at a department store there was one co-worker who always seemed to be trying to get close to our boss by making me look bad. I don't know why someone would do this to another person. One day she made a big mistake with a customer and our manager was watching. He disciplined her and she was removed from my department. That was the end of my problems with her and now things are much better there.

제가 백화점에서 일했을 때 저를 불리하게 만들면서 보스에게 가까워지려고 하는 한 명의 동료가 있었습니다. 저는 왜 이렇게 하는지 이유를 모르겠는데, 어느 날 그녀가 고객에게 큰 실수를 했고 매니저가 그것을 알게 되어 징계를 받고 결국 그녀는 백화점을 그만두게 되었습니다. 이것이 그녀와의 문제의 끝이었고 저는 지금 거기에서 잘 일하고 있습니다.

write yourself

15 Work Experience

제16절 Ability / Special Qualifications

자신의 강점을 밝힐 수 있는 좋은 기회이므로 가급적 승무원 직업과 연관 지어 자신이 잘할 수 있는 능력을 경험에 비추어 이야기한다. 직무에 유용한 자격증이라면 더더욱 좋을 것이다. 간단한 경험사례가 있다면 덧붙여 소개하는 것도 좋다.
단 꼭 특별한 기술이나 자격증이 없더라도 그냥 없다고 말하기보다 뭐든 자신이 잘하는 것을 한 가지라도 말하도록 한다.

Q **Do you have any special skills? / What are you good at? / Do you have an licenses or other special qualifications?**

어떤 특별한 기술이 있나요? / 무엇을 잘하나요? / 자격증이나 특별한 증명서가 있나요?

A I think a special skill of mine is my ability to use computers. Ever since I was young I studied computers and while I was in high school I received a lot of awards and licenses related to different computer work. I can type very fast and am also creative in designing.

저의 특별한 기술은 컴퓨터를 능숙하게 다루는 것입니다. 제가 어렸을 때 컴퓨터 공부를 했고, 고등학교 때에는 컴퓨터 일과 관련된 많은 상과 자격증을 받았습니다. 저는 타자를 빠르게 치고, 디자인도 창의적으로 잘 합니다.

I can cook well, especially Kimchi stew which I learned from my mother. I always help my mother with her housework especially at mealtime.

저는 요리를 잘하는데 특히 김치찌개를 어머니한테 배웠습니다. 저는 특히 식사시간에 항상 어머니의 가사 일을 도와드립니다.

write yourself

Q

What are your strengths?

당신의 강점은 무엇인가요?

A

My biggest strengths are my organizational skills. My desk and all of my possessions are always neat and I know what I have to do everyday through keeping a clear diary and planner. Another strength of mine is my discipline. I never let my friends convince me to do other things if I have work to do. I always get my work done before I take time for fun.

저의 가장 큰 강점은 정리기술이 뛰어나다는 것입니다. 책상과 소지품들은 항상 가까이에 하고 다이어리와 계획서를 써서 매일 해야 할 것들에 대해서 잘 알고 있습니다. 또 저는 제가 해야 할 일이 있더라도 저의 책임을 다른 친구들에게 미루지 않습니다. 휴식시간을 갖기 전에 항상 해야 할 일을 다 끝냅니다.

My strengths are my good interpersonal skills. I can communicate well with people who have a different point of view than me. I think these skills seem directly related to the job.

저의 강점은 대인관계가 좋다는 것입니다. 저는 저와는 다른 시각을 가진 사람들과도 잘 대화할 수 있고, 이러한 기술이 승무원을 하는 데 도움이 될 것이라고 생각합니다.

write yourself

Q **Have you ever been a leader? / Are you more of a follower than a leader?**

리더를 해본 적이 있나요? / 리더보다 따라가는 사람(수행자)인가요?

A Since I am involved in so many activities I often get nominated to lead. People know me and know that I am a hard worker so I usually don't have a choice. If I am a leader I feel I can have better control over the results of my group. I prefer to show my leadership and lead by example rather than by words.

저는 많은 활동에 참여했기 때문에 가끔 리더로 지명된 적이 있었습니다. 사람들은 제가 열심히 활동하는 것을 알아서 자주 리더가 됩니다. 제가 리더일 때, 그룹을 잘 이끌 수 있다고 생각합니다. 제 스타일은 말보다는 행동을 통해서 리더십을 보여주는 편입니다.

I don't agree with someone else's opinion if I think he's wrong, but when I understand his thinking and see he has some good ideas, then I'm very happy to go along with them.

저는 다른 사람 누군가의 의견이 옳지 않다고 생각하면 무작정 따르지는 않습니다만, 그 사람의 생각과 의견이 좋다고 판단되면 기꺼이 그들에 따르는 편입니다.

write yourself

Q

What do you do when you make a mistake at work?

본인이 근무 중 실수를 했을 때 어떻게 하나요?

A

If I make a mistake at work I will always take the blame for it rather then try to pass it off on others. I then work hard to fix the problem that I have created and I apologize to everyone it has affected. I always try to work carefully so not to make mistakes often.

제가 근무 중 실수를 했을 때 그것을 다른 사람에게 넘기려고 하기보다는 저를 먼저 탓합니다. 그리고 그 문제를 처리하기 위해서 열심히 일하고 그것이 발생함으로써 피해를 보게 된 모든 사람들에게 사과를 합니다. 저는 항상 일을 조심스럽게 하려고 해서 실수는 자주 일어나지 않습니다.

write yourself

Q

Can you tell me a time when you showed leadership skills?

리더십을 보여줬던 때에 대해서 말해 주세요.

A

I am involved in a lot of extra curricular activities in school and I am also a class leader. As a class leader I have to make sure all student in my class are in school each day. I have to organize everyone for different group work. I also have to make sure all students are informed about department news. This is not an easy job and it takes a lot of leadership.

저는 학교생활에서 많은 과외활동에 참여했었고 항상 반의 대표였습니다. 반 대표로서, 반의 모든 학생들이 매일 학교에 왔는지 확인하고, 모든 사람들에게 그룹과제를 나눠주고, 학과 소식에 대해서 알려줘야 했었습니다. 이것은 쉬운 일이 아니며 많은 리더십이 필요하다고 생각합니다.

I was a captain of my club for two years in college. That was a really good experience trying to make the club stronger. I learned a lot from that. I tried to involve everyone around me in the decision-making process and in carrying out our plans of action.

저는 대학교에서 2년 동안 동아리대표를 맡았습니다. 클럽을 강하게 만들기 위해 노력하면서 좋은 경험을 하고 많은 것을 배웠습니다. 저는 모든 사람과 함께 결정을 하고, 행동을 실행에 옮겼습니다.

write yourself

제17절 Service Mind

서비스직으로써 나올 만한 질문들을 사전에 살펴보고 간단하게 답변을 할 수 있어야 한다.
서비스사례에 관한 질문은 특히 서비스업체 입사면접에 잘 나오는 질문이다. 이때는 자신만의 경험을 예를 들어 설명하면서 서비스에 대한 견해를 밝히는 것이 좋다.
우선 물적 서비스 면에서 큰 차이가 없는 항공업계에서는 이 물적 서비스에 부가가치를 더하는 것이 인적 서비스라는 인식을 바탕으로 하여, 자신은 평소 생활 속에서 무의식적으로 받게 되는 다양한 서비스의 좋고 나쁨을 의식하며 생활하고자 노력하면서 서비스마인드를 키워왔음을 강조한다.

Q

Why is service such an important field?

왜 서비스는 중요한 분야인가요?

A

I think service is an important field for any company because good service makes a customer or client happy. If this person is happy then they will continue to use our company. If the customer is unsatisfied with our service then they will go elsewhere and also tell others about us so we will lose even more customers.

좋은 서비스는 고객을 행복하게 만들 수 있기 때문에 어떤 회사에서도 중요한 분야라고 생각합니다. 만약 그 사람이 행복을 느낀다면, 계속 우리 회사를 이용할 것이고, 고객이 우리의 서비스에 만족하지 못한다면 그들은 다른 곳에 가고, 다른 사람에게 우리에 대해서 말할 것이기 때문에 고객을 잃게 될 것입니다.

Service is a major contributor to customer satisfaction. In addition, the customer's experience with your company may affect how potential customers in the marketplace view your company.

서비스는 고객만족을 이끄는 주요한 요소라고 생각합니다. 또 귀사에서 얻은 고객만족경험은 시장의 잠재적인 고객을 이끌 수 있다고 생각합니다.

write yourself

Q

What do you feel are the personal qualities necessary to be successful as a customer service representative?

성공적인 고객서비스 대표자가 되기 위해서 개인적으로 필요로 하는 능력은 무엇인가요?

A

To be successful as a customer service representative a person has to be friendly to everyone. They have to have an open mind so that when a customer does get angry and is yelling the customer service representative doesn't take the comments personally. Finally, they have to be able to think quickly so they can reply to any situation a customer may approach them with.

성공적인 고객서비스 담당자가 되려는 사람은 모든 사람에게 친근해야 합니다. 고객이 화를 내거나 소리를 지를 때, 고객서비스 담당자는 개인적으로 자신의 감정을 드러내지 말아야 하기 때문에 열린 마음을 가져야 합니다. 마지막으로, 그들은 고객에게 일어나는 어떤 상황이라도 대처하기 위해서 빠르게 생각할 줄 알아야 합니다.

write yourself

Q

How would you handle an unsatisfied client?

불만족스러워하는 고객을 어떻게 대처할 겁니까?

A

The first thing I would do is apologize to the client and try to find out what has happened to make them feel unsatisfied. If there is anything I can do to help them I will do what I can. If they are unsatisfied because of a regulation in our company then I will try to explain why the regulation is in place and I will do anything else to assist them.

첫 번째로, 고객에게 사과하고 무엇이 고객을 불만족스럽게 느끼게 했는지 찾아야 합니다. 제가 그들을 도울 수 있는 어떤 것이 있다면 그것을 하고, 만약 그들이 회사의 규정 때문에 불만족스러워한다면 규정이 왜 그렇게 되었는지 설명하고 그들을 도울 수 있는 다른 것을 할 것입니다.

I'll listen empathically to try to determine why the customer is unhappy with the service. I'll assure the customer that everything that can be done will be done to their satisfaction and act upon it promptly.

저는 고객이 서비스에 불만족한 이유를 알고, 그 이야기를 공감하면서 의견을 들을 것입니다. 저는 고객 만족을 위해서 어떤 것이든 할 수 있고 그것을 신속하게 행동해야 한다고 생각합니다.

write yourself

17 Service Mind

Q

Do you feel the customer is always right?

고객은 항상 옳다고 생각하나요?

A

Honestly, I don't feel as if the customer is always right but, as a customer service representative, I have to always smile and treat them as if they are.

솔직하게, 고객이 항상 옳다고는 생각하지 않지만 고객서비스 담당자는 항상 웃고 그들이 옳은 것처럼 존중해 주어야 합니다.

write yourself

Q **What is your definition of service?**

서비스의 정의를 내려보세요.

A In my opinion, service is making sure that all customers are happy and satisfied with what I have done for them. It is my job to make sure everyone has a safe and enjoyable flight. If I can keep people happy, without them having to ask for anything, then I think I have done my job properly.

서비스는 제가 한 일로 하여금 다른 사람들이 행복하고, 만족하게 만드는 일이라고 생각합니다. 모든 사람이 안전하고 즐거운 비행이 될 수 있도록 만들어주는 것은 제 직업이고, 사람들이 행복하다면 제 일을 잘 한 것이라고 생각합니다.

write yourself

Q **Can you define good customer service?**

좋은 고객서비스에 대해서 정의 내릴 수 있나요?

A Good customer service comes from the heart. I think that if you have shown good customer service then the customer will be completely satisfied when they are done working with you.

좋은 고객서비스는 마음에서 우러납니다. 제가 좋은 고객서비스를 보여준다면 고객이 서비스를 받을 때 완전히 만족할 것입니다.

write yourself

Q

Do you think you've got a service mind?

본인이 서비스 마인드를 갖추었다고 생각하나요?

A

I think I have a service mind. I love being around people, I always think of others first, and it is a real pleasure to make others happy. Whenever I am working it is the times when I am with customers that I am the happiest.

저는 서비스 마인드를 갖추었다고 생각합니다. 사람들과 잘 어울리고 다른 사람을 먼저 생각하고, 다른 사람을 행복하게 만들어주는 것을 큰 기쁨이라고 생각합니다. 고객과 함께 일할 때는 정말 행복합니다.

write yourself

제18절 Flight Attendant / Views on Work

어떠한 직종이라도 면접 중에는 응시자가 그 일에 대해 비전을 가지고 있는지를 체크한다. 그러므로 신입사원은 능력의 유무와 관계없이 원대한 비전과 포부를 밝히는 것이 좋다.
면접에서 기본적으로 받는 질문이 그 일을 왜 하고자 하는지, 혹은 왜 그 회사에 지원하는지에 대한 것이다. 자신만의 생각과 함께 구체적이고 현실적인 지망동기를 피력하는 것이 중요하다. 본인의 삶을 통해 이루고자 하는 꿈, 가치와 본인이 하고자 하는 일의 연관성을 들어 어떤 어려움이라도 감당할 수 있다는 자신감과 열의를 보여주어야 한다. 이렇게 답할 때 면접관은 당신의 의지에 신뢰와 믿음을 가질 것이다. 다른 지원자와 차별화되어 면접관에게 어필할 수 있는 기회이므로 지원동기를 소신 있고 명확, 간결하게 대답하라.

과거 응시경험이 있는 사람에게 불합격의 원인을 질문하는 경우가 있다. 이때는 솔직담백하게 자신에 대한 객관적인 평가를 말하는 것이 좋다. 너무 겸손해 보이려고 '이것도 부족하다, 저것도 부족하다', '단점'만 부각시키지 말고 어떻게 보완했는지, 능력 향상을 위해 어떤 노력을 했는지를 밝히는 것이 좋다.

승무원은 기내에서 불특정 다수의 승객을 대하며 예상치 못한 다양한 상황에 대처할 수 있는 능력이 필요한 직업이므로 창의적이고 적극적인 마인드가 필요하다. 회사 입장에서는 지원자가 책임감이 있는지, 일을 맡겨도 될 것인지, 주어진 일을 끝까지 성실하게 해나갈 수 있는지를 경영과 조직의 입장에서 평가하게 된다. 특히 승무원들의 기내서비스 활동 중에서 동료 간의 협조는 승객들의 편안함과 안전에 중요한 역할을 한다. 따라서 적극적인 의견을 표현하는 것이 좋다.

Q **Why do you want to be a flight attendant? / Why is this job right for you?**

왜 승무원이 되고 싶은가요? / 왜 이 직업이 당신에게 맞는다고 생각하나요?

A I want to become a flight attendant because I love the idea of meeting so many people from around the world. It has also been a dream of mine to travel and see a lot of exotic places. If I become a flight attendant I can do both of these things while I work. I have been studying for this position since middle school and feel I am well prepared.

저는 세계의 많은 사람들을 만나는 것을 좋아하기 때문에 승무원이 되고 싶습니다. 또한 여러 이국적인 장소를 여행하고 보는 것은 저의 꿈이며 제가 승무원이 된다면 일을 하는 동안에 이 두 가지 것들을 하고 싶습니다. 저는 이 직업을 위해서 중학교 때부터 공부했었고, 잘 준비되어 있다고 생각합니다.

I like to smile. I want to show my bright smile to people everywhere. I think it is a really fascinating job in which I can do well. It is a job which gives happiness to many people.

저는 웃는 것을 좋아합니다. 여러 곳에 있는 사람들에게 저의 밝은 미소를 보여주고 싶고 제가 잘 할 수 있는 매력적인 직업이라고 생각합니다. 이것은 많은 사람들에게 행복을 주는 직업이라고 생각합니다.

I am fairly outgoing and I like traveling. I hope to get a job where I can travel and meet a lot of people.

저는 매우 활동적이고 여행하는 것을 좋아합니다. 그래서 여행을 할 수 있고, 많은 사람을 만날 수 있는 직업을 갖고 싶습니다.

I have thought a lot about being a flight attendant since I was in high school. I think working as a flight attendant would give me the best opportunity to use the knowledge I gained while in college.

저는 제가 고등학교 때부터 승무원이 되는 것에 대해서 많은 생각을 했습니다. 승무원으로 일하는 것은 제가 대학시절로부터 얻은 지식을 사용할 수 있는 최고의 기회라고 생각합니다.

When I flew to Europe last summer, I was impressed with the job the flight attendants were doing. They kept people comfortable and relaxed through the flight. They helped us enjoy the trip. If I have a chance to work as a flight attendant, I will do my best.

제가 작년에 유럽으로 여행했을 때, 승무원이 하는 일에 대해서 감동을 받았습니다. 그들은 비행 중에 사람들이 편안하게 쉴 수 있도록 해주고, 여행을 즐길 수 있도록 우리를 도와줍니다. 제가 승무원으로서 일할 수 있는 기회를 얻는다면, 최선을 다할 것입니다.

write yourself

Q

What is the job description of flight attendant?

승무원이 하는 일에 대해서 설명해 주실 수 있나요?

A

I think that the job description of flight attendant is to provide a safe, comfortable and enjoyable flight to her passengers. I am sure there are so many responsibilities that she has in her job but safety has to be her number one priority.

승무원이 하는 일은 고객에게 안전과 편안한 항공여행을 제공합니다. 이 직업에서는 많은 책임감이 필요하지만 안전이 가장 우선시되어야 한다고 생각합니다.

write yourself

Q

What are the roles of the flight attendant?

승무원의 역할이 무엇인가요?

A

The flight attendant has a lot of roles that are very important. I think the most important one is to be responsible for the safety of the passengers. On top of that, they also have to make sure everyone is comfortable and enjoying their flight. The job has a lot of things to do more than just serving food and drinks.

승무원은 많은 중요한 역할을 한다고 생각합니다. 가장 중요한 것은 승객의 안전을 보장하는 것이며, 동시에 모든 사람이 편안하고 즐겁게 비행을 즐길 수 있도록 해주는 것입니다. 이 일은 단지 음식과 음료를 제공해 주는 것보다 많은 일을 합니다.

The flight attendant is responsible for service to the passengers on the airplane. The role of the cabin crew is a very busy one. It consists largely of providing the passenger with food and beverages and this involves a great deal of work and attention.

승무원은 비행기에 탑승한 승객들에게 서비스를 제공해야 하는 책임이 있습니다. 승무원의 역할은 많은데, 크게는 승객에게 음식과 음료를 제공하는 것을 포함해서 일에 대한 주의가 많이 필요합니다.

write yourself

Q

To become a flight attendant, how have you prepared for this interview? / What did you do to prepare for this interview?

승무원이 되기 위해서, 이 인터뷰를 어떻게 준비했나요? / 이 인터뷰를 위해서 무엇을 준비했나요?

A

I feel I have been preparing since I was a young girl. I studied English for over 12 years and have done a lot of research about the position. I know the pros and cons of the position and I am still excited about it. Before this interview I spent a lot of time trying to anticipate questions that may be asked and had my friends put me into mock interviews so that I could feel more comfortable now.

제가 어릴 때부터 준비했습니다. 영어공부를 12년 넘게 했고, 그 직업에 대한 많은 조사를 했으며, 이 직업의 장단점을 알고 여전히 좋아합니다. 이 인터뷰를 하기 전에는 제가 받을 수 있는 질문에 대해서 생각하기 위해서 많은 시간을 투자했고, 제 친구들은 제가 인터뷰에 대해서 편안하게 느낄 수 있도록 모의면접을 해주었습니다.

I have been preparing for this day for such a long time. I started studying English when I was very young and I have been studying Air Travel and Tourism for the past two years. In the past few weeks I started to anticipate possible interview questions and began preparing answers. I have also done a lot of research about your company too. I feel I am very well prepared for today and a career in the service field.

오랜 시간 동안 이날을 위해 준비해 왔습니다. 제가 아주 어릴 때부터 영어공부를 시작했었고, 지난 2년 동안 항공관광에 대해 공부하고 있습니다. 지난 몇 주 동안에는 제가 받을 수 있는 예상질문과 답변을 생각했었습니다. 또한 오늘을 위해서 귀사에 관해서도 많은 것을 준비해 왔습니다. 저는 서비스업에 매우 잘 준비되어 있다고 생각합니다.

I studied English conversations and always tried to get information about Airlines. I also tried to get some experience working in the service field.

영어회화 공부를 했었고, 귀 항공사에 대해서 정보를 얻기 위해 노력했습니다. 또한 서비스업에서 일을 하면서 경험을 얻기 위해서도 노력했습니다.

write yourself

Q

There are so many applicants, why should I hire you of all people? / Why do I have to hire you?

많은 지원자들이 있는데, 많은 사람들 중에서 왜 본인을 채용해야 하나요? / 왜 당신을 채용해야 하나요?

A

I know that through all of my different experiences and all of my studies I have presented myself with dignity and integrity. I have proven to everyone that I am a hard worker and that I do well under pressure. I know that I can do well in your company because of my past successes. If given the chance I can prove this to you too. For the above reasons, I think you should hire me.

저는 제 다양한 경험들과 공부들이 품위와 성실한 저를 잘 표현해 줄 수 있다고 생각합니다. 제가 압박에서 잘 견디면서 열심히 하는 사람이라는 것을 모든 사람이 알고, 저의 지난 성공들 덕분에 귀사에서 잘할 수 있다고 생각합니다. 만약 기회가 주어진다면 이것을 증명할 수 있을 거라고 생각합니다. 이러한 이유에서, 저를 채용해야 한다고 생각합니다.

write yourself

Q

Do you believe that you are qualified to become a flight attendant?

본인이 승무원이 되기 위해서 자격이 있다고 생각하나요?

A

I believe that I am more than qualified to become a flight attendant because of my experiences and education. They have prepared me well for the position. If hired, I will only better myself through further training that is provided.

저는 제가 받은 교육과 경험들 때문에 승무원이 되는 데 더욱 자격이 있다고 믿습니다. 그것들은 이 직업을 위해 잘 준비했고, 채용된다면 교육기간 동안에 더 열심히 할 것입니다.

I have studied hard to get the knowledge, service skills and attitude needed for becoming a successful flight attendant.

저는 성공적인 승무원이 되기 위해 필요로 되는 지식, 서비스 기술, 태도를 갖추기 위해서 열심히 공부했습니다.

I feel that I am very qualified for a flight attendant position because I have always studied very hard in school and on my own time. I have done a lot of work in the service industry where I have had to work directly with the public so I think I have good interpersonal skills. I am always very dedicated to anything that I put my mind on.

저는 학창시절에 열심히 공부를 하고 제 시간을 잘 보냈기 때문에 승무원이 되기 위한 자질이 갖추어져 있다고 생각합니다. 또 많은 사람들과 함께 일하는 서비스업을 많이 해보았기 때문에 대인관계가 좋고, 항상 제 일에 대해서 최선을 다합니다.

write yourself

Q

What do you think about the importance of greeting passengers at the door? What would you do?

탑승인사의 중요성에 대해 어떻게 생각하나요? 어떻게 하겠습니까?

A

Those stewardesses who are greeting passengers at the door must show their bright smile and warm hospitality to the passengers.

탑승구에서 인사하는 승무원들은 밝은 스마일과 따뜻한 환대로 승객을 맞아야 합니다.

Greeting passengers as they board the aircraft is important for cabin attendants, as it is necessary for cabin attendants to do their best to leave a good first impression on the passengers and make sure that the flight begins with a pleasant atmosphere in the cabin.

승무원에게 있어서 비행기에서 탑승인사는 매우 중요합니다. 승객에게 좋은 첫인상을 드릴 수 있도록 노력해야 하며, 이를 통해 비행이 좋은 분위기에서 시작할 수 있을 것입니다.

write yourself

Q

How did you hear about this job?

이 직업에 대해서 어떻게 들었나요?

A

This job was advertised throughout my department in college and the minute I saw it I jumped at the opportunity. This is a big chance for me to become one step closer to my dream.

학교생활 내내 이 직업에 대해서 알게 되었고, 이 기회를 보자마자 기꺼이 응시했습니다. 이것이 제 꿈에 더 가까이 갈 수 있는 좋은 기회라고 생각합니다.

One of my friends who became a flight attendant told me a lot about the job. I know how hard a flight attendant's work is, but there are difficult aspects to any job. I feel confident in my abilities.

승무원으로 근무하는 제 친구 한 명이 이 직업에 대해 많은 이야기를 해주었습니다. 저 또한 승무원의 업무가 얼마나 힘든지 잘 알고 있습니다. 그러나 어느 직업이든 힘든 부분은 다 있을 것으로 생각합니다. 저는 자신 있고 잘 할 수 있습니다.

write yourself

Q

What is your impression of the flight attendant position?

승무원 직업의 인상이 어떤가요?

A

I feel that flight attendants look very professional, intelligent, and friendly. Their uniform and posture gives them a very professional look. They are intelligent because they have to quickly deal with many types of situations, and since they are in the service field, they always have to appear friendly in the customers' eye.

저는 승무원이 전문적이고, 지적이고, 친절하다고 생각합니다. 그들의 유니폼과 자세는 전문적인 느낌을 주고, 어려운 상황에서 신속하게 대처해야 하기 때문에 매우 지적이고, 서비스 분야에 있기 때문에 고객의 눈에서 항상 친절함을 보여야 한다고 생각합니다.

write yourself

Q What do you think about stewardess as a job?

이 직업에 대해 어떻게 생각하나요?

A The job of stewardess is just fascinating. It has so many benefits that other jobs do not. As a stewardess, people can visit amazing cities and countries, meet a lot of different people from many different backgrounds, and they can experience a lot of interesting cultures.

승무원이란 직업은 참으로 매력적입니다. 다른 직업과 달리 많은 이점이 있습니다. 승무원으로서 외국의 많은 도시들을 가볼 수 있고, 각양각색의 사람들을 만날 수 있고 또한 재미있는 문화적 경험도 풍부히 할 수 있습니다.

An airline, especially an international one, is a huge organization with many complex functions. There are ticket and reservation agents, airport passenger service, cargo, mechanics, catering service, the cockpit and cabin crews, and so on. It would be difficult for an airline to exist without any one of them. But there is little doubt that the airline personnel who have the greatest exposure to the passengers are the members of the cabin crew. It is the cabin attendant who makes the most lasting impression on the passengers.

국제적인 항공사는 특히 항공권 판매, 예약, 운송, 화물, 정비, 기내식서비스, 운항/객실승무원 등 많은 직무를 포함한 거대한 조직이라고 할 수 있습니다. 항공사는 그중 어느 한 부분이라도 없이는 존재할 수 없을 것입니다. 그러나 그중에서도 객실승무원은 승객과 가장 직접적으로 중요하게 접촉하며, 승객에게 가장 오랜 인상을 남기게 됩니다.

write yourself

Q **What are some advantages and disadvantages of becoming a flight attendant? / What do you like and dislike about the job?**

승무원이 되어 이점과 불이익이 뭐라고 생각하나요? / 이 직업에 대해서 좋은 점과 나쁜 점이 무엇인가요?

A There are a lot of advantages to becoming a flight attendant such as the opportunity to travel around the world, meet a lot of people, and experience many different cultures. As a flight attendant, you also have the opportunity to teach the world about Korea. The position isn't perfect though. There are disadvantages such as having to work long hours, dealing with passengers who may become irritable, and not being able to settle down in one place for any length of time because you always have another flight coming.

승무원이 되는 것은 세계의 여러 장소를 여행하고, 많은 사람을 만나고, 많은 문화를 경험할 수 있는 것과 같은 많은 장점이 있습니다. 승무원으로서, 세계에 한국을 알릴 기회 또한 있지만, 이 직업이 완벽하지는 않습니다. 긴 시간 동안 일해야 하는 것, 민감한 승객을 대해야 하는 것, 항상 다음 비행을 하기 위해 긴 시간 동안 한 장소에 머무를 수 없는 단점이 있습니다.

I like the challenge and satisfaction of dealing with customers and solving problem. I also like the fact that every day is different. I know this job is also a big responsibility and not always easy.

저는 고객들과 상대하면서 문제를 해결해 나간다는 점에 있어서 도전과 만족을 즐깁니다. 또한 매일매일이 다르다는 사실도 좋습니다. 물론 이 직업에 책임감이 따르고 쉽지 않다는 것도 잘 알고 있습니다.

write yourself

Q **What kind of flight attendant would you like to be?**

어떤 승무원이 되고 싶은가요?

A I want to be a flight attendant that my passengers will remember. I want to give excellent service to everyone while keeping them safe for their journey. To do this won't be easy. I'll have to keep my passengers in mind at all times and always put them ahead of myself.

저는 승객이 기억할 수 있는 승무원이 되고 싶습니다. 그들의 여정 동안 안전함을 줄 수 있는 좋은 서비스를 하고 싶습니다. 하지만 이렇게 하는 것은 쉽지가 않기 때문에 항상 승객에 대해서 생각하고 제 자신보다는 그들을 먼저 생각해야 합니다.

I know that flight attendants have a big responsibility. I'd like to keep trying to develop myself and learn service skills, communication, and interpersonal skills. I'd like to take the job as a great chance to be a better person.

승무원은 책임감이 있어야 한다고 생각합니다. 저는 서비스기술, 의사소통, 대인관계 능력을 배우면서 제 자신을 발전시키고 싶고 이 직업을 저는 더 나은 사람이 될 수 있는 좋은 기회로 삼고 싶습니다.

write yourself

Q **Once you become a flight attendant, what kind of services would you like to offer?**

승무원이 된다면, 어떤 서비스를 제공하고 싶은가요?

A I would like to offer service from my heart that would truly show that I care about my job. Customers can feel the difference between someone who truly cares and someone who is just pretending.

저는 진실한 마음의 서비스를 제공하고 싶습니다. 고객은 어떤 사람이 진정으로 보살피고 어떤 사람이 그렇지 않은지를 압니다.

I will keep smiling and try to create a friendly atmosphere. I will try to always keep in mind the kind of service that passengers expect.

저는 항상 웃으면서, 친근한 분위기를 만들 것입니다. 저는 고객들이 기대하는 서비스를 마음에 새겨 둘 것입니다.

I'd like to offer services that satisfy passengers of all ages. Especially I'm good at taking care of babies and children so I think that I can give very good service when there are many families on board.

저는 모든 연령의 승객들이 만족할 수 있는 서비스를 제공하고 싶습니다. 특히, 저는 아기들과 아이들을 잘 돌보기 때문에, 비행기에 많은 가족들이 탈 때, 좋은 서비스를 할 수 있습니다.

write yourself

Q

Which is more important; safety or good service?

안전과 좋은 서비스 중에서 어떤 것이 더 중요한가요?

A

I think it is important to give good service at all times but safety has to be the number one priority on an airplane where there are so many things that could go wrong.

항상 좋은 서비스를 하는 것이 중요하지만 혹시 위험할 수도 있는 비행기에서는 안전이 우선이라고 생각합니다.

write yourself

Q **What are some characteristics needed to become a flight attendant? / In order to succeed in this field, what kind of personal attributes would an employee need to have? / What qualifications do you have that relate to the position?**

승무원이 되기 위해서 필요한 자질은 무엇인가요? / 이 분야에서 성공하기 위해서, 어떤 개인적인 능력을 가져야 한다고 생각하나요? / 어떤 능력이 이 직업에 필요하다고 생각하나요?

A A flight attendant has to have a bright and enthusiastic personality. They need to make their passengers feel welcome and comfortable. Flight attendants also have to be very diligent; not only are they responsible for themselves but also for all the passengers on board. They have to be diligent because the flight attendants' job starts long before take off and continues even after the passengers have left the plane.

승무원은 밝고 열정적인 성격을 가져야 한다고 생각합니다. 또 승객에게 환영받고 있고 편안하다는 느낌을 주고, 부지런해야 합니다. 또한 자신뿐만 아니라 비행기에 오르는 모든 승객에게도 책임을 져야 합니다. 승무원의 업무는 이륙하기 오래전부터 시작되어, 승객이 비행기에서 내린 후에도 계속되기 때문에 부지런해야 합니다.

Firstly, the ability to be polite, considerate, and affectionate is most needed. They also need the ability to make passengers comfortable and at ease in all situations. Secondly, it's important to be healthy. Working in an aircraft, you need three times more energy than working on the ground. Also, almost everyday they cross time zones. The third is English ability. Flight attendants meet and treat many kinds of people, so they have to know a lot of information about culture, social, political and economical situation of their destinations.

먼저 공손함, 사려 깊음, 상냥함이 가장 필요합니다. 또한 고객에게 모든 상황에서 편안함과 안정을 줄 수 있는 능력이 있어야 합니다. 두 번째로, 비행기에서 일하기 위해서는, 지상에서 일하는 것보다 세 배의 에너지가 있어야 하기 때문에 건강해야 합니다. 또한 대부분 시차가 있습니다. 세 번째로, 승무원은 여러 종류의 사람을 만나고 대하기 때문에, 목적지에 대한 문화, 사회, 예절, 경제상황 등에 대한 많은 정보를 알아야 합니다.

There are many kinds of qualifications to be a flight attendant. I believe that sense of humor, confidence, hospitality, communication skills and English abilities are required to be a flight attendant.

승무원이 되기 위해서 많은 능력이 필요합니다. 유머, 자신감, 친절, 대화능력 그리고 영어능력은 승무원이 되기 위해서 필요하다고 생각합니다.

The cabin service is based on comfort and safety. It should satisfy basic human needs and provide a pleasant atmosphere in which passengers can enjoy a comfortable trip in a leisurely manner. Cabin attendants need to be all-round human beings with integrity and versatility.

기내서비스는 편안함과 안전이 기본입니다. 승객의 기본욕구를 만족시켜야 하며 여유 있는 태도로 승객이 안전한 여행을 즐길 수 있도록 쾌적한 분위기를 제공해야 합니다. 그러므로 다방면에서 성실함과 다재다능함을 지녀야 합니다.

The cabin attendants should possess expertise in making cocktails and all entree's. English language is also very important to handle requests from passengers. The cabin attendants should recognize that the quality of service will impress more passengers than the quantity of the service.

승무원은 칵테일 제조나 기내식에 관해 전문지식도 습득해야 합니다. 외국어능력 또한 승객의 요구사항을 해결하는 데 매우 중요합니다. 승무원은 서비스의 질이 서비스의 양보다 승객에게 더욱 깊은 인상을 준다는 점을 인식해야 합니다.

write yourself

Q

Compared to others who have a similar background in your field, how would you rate yourself?

당신의 분야에서 비슷한 경험을 가진 다른 사람과 비교할 때, 당신의 경쟁력을 어떻게 생각하나요?

A

I feel that compared to others in my field I would rate quite high because of all of my experience in leadership roles and the diligence I have shown throughout my education.

저와 같은 분야의 다른 사람과 비교할 때, 리더로서의 많은 경험들과 학교생활 동안 보여준 근면함 때문에 저의 경쟁력은 높다고 생각합니다.

My strengths are my good interpersonal skills, so I can communicate well with other people. These skills seem directly related to the job. I learned lots of useful skills for this job at college. I'm certain that my combined knowledge and skill level is the equivalent of other people who actually do have experience in the service field.

제 강점은 뛰어난 대인관계로 다른 사람들과 잘 소통한다는 점입니다. 이러한 점들은 이 직업에 적합하다고 생각합니다. 저는 대학에서 이 직업과 관련된 유용한 기술들을 익혔습니다. 서비스분야의 경험을 갖고 있는 사람들 못지않은 능력을 갖고 있다고 확신합니다.

write yourself

Q

Why do you want to leave your present job and become a flight attendant? / Why are you leaving your present job?

왜 현재 직업을 그만두고, 승무원이 되고 싶은가요? / 왜 현재 직장을 그만두려고 하나요?

A

I'd like to do something more active than desk work.

저는 사무직 업무보다 적극적인 일을 하고 싶습니다.

I'd like to broaden my horizons and my outlook on life.

제 인생에서 저의 한계와 가능성을 넓히고 싶습니다.

The job of flight attendant has many attractions that are lacking in my present job.

승무원은 저의 현재 직업에서 없는 많은 매력적인 면이 있습니다.

I think that I have been at my present job for a long time and I don't really see much of a future in that company. I think that a job in your company would be better for my career and I would feel like I am moving up in the world.

제 생각에 이 일을 오랫동안 해왔고 이 직장에서는 미래를 계획할 수 없습니다. 귀사의 이 직업이 저의 경력에 더 나은 일이고 또한 발전할 것이라 생각합니다.

write yourself

Q

Why do you think you can be successful in this position?

왜 이 직업에서 성공할 수 있다고 생각하나요?

A

In the past I have always succeeded in everything I have set my mind to. I don't feel this will be any different. In fact, I think I will excel in this position because this is what I have been working so hard to achieve for so long.

과거에 제가 스스로 정해두었던 목표에서 모든 것을 성공시켰고, 이 직업에서도 역시 다르지 않을 것이라고 생각합니다. 또 오랫동안 이것을 이루기 위해서 열심히 했기 때문에 잘 할 수 있다고 생각합니다.

write yourself

---

18 Flight Attendant / Views on Work

Q

What concerns you most about performing this job?

이 직업을 하는 것에 대해서 가장 걱정되는 것은 무엇인가요?

A

The one thing that concerns me about becoming a flight attendant is dealing with angry customers. In the past I have had to deal with customers who were unhappy and it upset me. I think that I have learned from the past and I will be ok because the customer may not be angry at me but is expressing themselves to me because of my job.

승무원이 되는 것에 대해서 걱정되는 것은 화난 승객을 대처하는 것입니다. 과거에 화가 난 손님을 응대해야 했었는데 매우 당황했던 적이 있었습니다. 그때의 경험을 통해서, 고객은 저 때문에 화가 난 것이 아니라 제가 서비스를 하고 있어서 감정을 표현하는 것이라고 생각하기 때문에 지금은 괜찮습니다.

write yourself

Q

Would you continue to work as a flight attendant after you are married?

결혼한 후에도, 승무원으로 계속 근무할 생각인가요?

A

When I get married I do not plan to stop working. Many couples nowadays have to both work because of the economy we are living in. I think that my husband would want me to stay in the work force and continue to do the job that I love.

결혼을 하더라도, 일을 그만두지는 않을 생각입니다. 요즘 부부들은 경제적인 삶을 위해서 양쪽 다 일을 하는 편이고, 남편 또한 제가 좋아하는 일을 계속하기를 원할 것입니다.

write yourself

Q

I'm not sure you're suitable for the job. Are you applying for any other jobs?

이 직업에 잘 맞는지 잘 모르겠네요. 다른 직업에 지원해 본 적이 있나요?

A

I have not applied to any other jobs at this point. I wanted to only focus on preparing for this job as it has been a dream of mine for so long. I am sure that I can do a good job and I look forward to being given the opportunity to do so.

지금까지 다른 직업에 지원해 본 적이 없습니다. 오랫동안 이 일이 제 꿈이어서 이것을 집중적으로 준비했고, 제가 잘 할 수 있다고 생각하며 다음에 또 뵐 수 있었으면 합니다.

write yourself

제19절 Airline Company

조직생활 시 융화력과 합리성을 평가하기 위한 질문에 조직적응에 대한 의지를 보여주어야 한다. 어느 항공사 채용담당자는 "작은 일이라도 책임감을 갖고 완수하려는 자세에 높은 점수를 주고 있으며 매사에 최선을 다하는 성실성이 중요하다"고 말했다. 기업은 조직 내에서 상호 조화를 통한 근무가 가능한 것인가를 보는 조직적응력의 유무를 심사하고자 한다. 화려한 스타플레이어보다 묵묵히 일하면서 팀워크를 중시하는 스타일을 선호한다는 얘기다.

과도한 충성심만을 보이려는 대답은 적절치 않고 합리적인 문제해결 방향을 제시하는 것이 좋다. 무조건적인 '희생과 인내의 협조'가 아니라, 상대를 생각하는 일과 때로는 주도권을 갖는다는 강인한 개성이 합치된 것을 말한다.
기업과 조직에는 서로의 입장을 이해하고 항상 사람들과 원만하게 지낼 각오와 자신감이 없어서는 안 된다. 팀워크를 바탕으로 자주적으로 일할 수 있는 사람은 환영받지만 고집이 센 독불장군은 팀에서 배제되게 된다.

일에 대한 책임감, 업무와 직장에 대한 적응력과 인내력 등 근무태도 전반에 대한 질문들도 흔히 주어진다. 지원자가 어떤 직업인상, 사회인상을 그리고 있는가를 알고자 하는 질문이다. 직장인으로서 바람직한 직업관을 갖고 업무에 있어 프로답게 일을 처리할 수 있다는 태도를 보여야 한다.
승무원사회가 일반직장과는 다른 면이 있으나 역시 직장생활이므로 파트너 마인드를 지닌 여유 있는 모습을 보이도록 한다. 취업해야 한다는 강박관념에 눌린 사람과 달리 직장에서의 파트너 시각이 있는 사람은 여유가 있고, 눈빛이 초롱초롱하다. 면접에서 자기를 너무 다 보여주려고 과장하는 사람은 자신이 피고용자라는 사실을 지나치게 의식하고 있다는 인상을 주게 된다.
항공사에 근무하게 되는 만큼 전문적인 지식은 아직 습득하지 못했다 해도 지원자 자신이 항공관련 상식, 항공업계 뉴스 등에 대해 어느 정도 알고 있는지를 통해 그 일에 대한 관심과 열의를 평가하게 될 것이다.

Q **Have you ever applied to our company?**
우리 회사에 지원한 적이 있나요?

A No, this is the first time I have applied to your company and I am so happy for the opportunity to get one step closer to my dream. Thank you.

아니요, 귀사에 지원한 것은 처음이고 제 꿈에 좀 더 가까이 다가갈 수 있는 기회를 얻어서 기쁩니다. 감사합니다.

Yes, I applied to your company about one year ago. I had an interview but failed. I think the main reason I failed was because my English level was too low. I have spent the past year focusing almost entirely on English in the hopes of passing this interview today.

네, 1년 전쯤 귀사에 지원했었는데, 면접을 봤지만 불합격했습니다. 제가 불합격한 큰 이유는 영어실력이 좋지 않았기 때문이라고 생각해서 작년에는 오늘 이 면접에서 합격할 수 있기를 바라면서 많은 시간 동안 영어공부를 했습니다.

write yourself

Q

Why did you apply to our company? / Why did you decide to choose our company?

왜 우리 회사에 지원했나요? / 왜 우리 회사를 선택했나요?

A

I applied to your company because it is one of the most well known airlines in Asia. I feel that your airline stands for good service, integrity, and respect in the industry. I think that personally I would be an asset to you company and would love the opportunity to prove myself to you all.

귀사가 아시아에서 가장 인지도가 높은 항공사 중 하나이기 때문에 지원했습니다. 귀사는 이 분야에서 좋은 서비스로 인정받는다고 생각합니다. 저는 귀사의 자산이 될 수 있고 그것을 증명하고 싶습니다.

write yourself

Q

Why are you interested in this company?

왜 이 회사에 관심이 있나요?

A

I have been interested in this company since I began researching abut the position when I was in middle school. You have always been a leader in the field and have been given many awards in different areas of air travel. I know I can be an asset to you and can't wait to show you how much I can do.

제가 중학생이었을 때 승무원에 대해서 조사했을 때부터 귀사에 관심이 있었습니다. 귀사는 항상 이 분야에서 최고였고 항공산업의 많은 분야에서 다양한 상을 받았습니다. 저는 귀사의 자산이 될 수 있고 제가 할 수 있는 게 얼마나 많은지 보여드리고 싶습니다.

write yourself

Q

How long would you like to work at our company?

우리 회사에서 얼마나 오래 일하고 싶은가요?

A

For as long as I can remember it has been a dream of mine to become a flight attendant so I would like to work for your company for as long as you will let me. If I have my own family I will not want to stop working. I think it is very reasonable in this day and age to have both parents working. I know I can have a long career here.

오래전부터 귀사에서 오랫동안 승무원으로 일하는 것은 저의 꿈입니다. 그래서 회사에서 허락되는 한, 계속 귀사에서 일하고 싶으며 가족이 생기더라도 일을 그만두고 싶지 않습니다.

write yourself

Q What do you know about our company?

우리 회사에 대해서 알고 있는 것은 무엇인가요?

A I know that your company has been a leader in the airline industry in Asia for a long time. You have received a lot of awards for service and safety and you are also a part of Sky Team, the international airline alliance. I heard that your company is expanding rapidly.

귀사는 오랜 시간 동안 아시아 항공산업의 리더였으며 서비스와 안전에 있어서 많은 상을 받았고 국제적 항공 연합체인 스카이팀의 회원사입니다. 귀사가 빠르게 성장하고 있는 항공사라고 들었습니다.

write yourself

Q What is the worst thing you have heard about our company?

우리 회사에 대해서 들었던 안 좋은 소문이 있나요?

A To be honest, I have not heard anything negative about your company. I have a few friends that are working for your company and they only have nice things to say. This is why I want to work for you so much.

귀사에 대해서 들리는 부정적인 말은 없습니다. 저에게 귀사에서 일하는 친구가 있는데 항상 저에게 좋은 말을 많이 해주어 제가 꼭 입사하고 싶은 이유가 되기도 했습니다.

write yourself

Q

What do you think about ○○ Air? / What do you think of first when you think of ○○ Air?

○○항공에 대해서 어떻게 생각하나요? / ○○항공을 생각할 때 무엇이 가장 먼저 떠오릅니까?

A

When I think of ○○ Air, the first things that come to mind for me are integrity and professionalism. Every time I have met an airline attendant they have presented themselves very politely and professionally. From my experiences, I have only the utmost respect for your company. I want to become a flight attendant who can make you all proud.

제가 ○○항공을 생각할 때 처음에 떠오르는 이미지는 정직함과 전문성입니다. 제가 본 승무원들은 항상 공손하고 전문적이었습니다. 이러한 경험에서, 귀사를 가장 높이 평가하며 회사가 자랑스럽게 여길 수 있는 승무원이 되고 싶습니다.

write yourself

Q

What do you think about the uniform of ○○ Air? / What do you think about the image of the ○○ Air uniform?

○○항공의 유니폼에 대해서 어떻게 생각하나요? / ○○항공 유니폼의 이미지가 어떤가요?

A

I think the uniforms of ○○ Air are very sleek and modern. They set a great image for your airline and I feel they have encouraged a lot of young girls to pursue careers as flight attendants. I think ○○ Air has set a trend in the design of uniforms for the airline industry.

○○항공 유니폼은 산뜻하고 세련되었다고 생각합니다. 그 유니폼은 좋은 항공사 이미지를 보여주고, 많은 소녀들에게는 승무원 직업을 꿈꿀 수 있게 했다고 생각합니다. 또한 ○○항공 유니폼이 항공산업의 유니폼 디자인에 새 유행을 제시했다고 생각합니다.

write yourself

Q **Do you know how many cities we serve? / Do you know the new cities we have recently started serving? / Can you tell me about the cities in Japan that ○○ Air flies?**

우리가 취항하는 많은 도시에 대해서 알고 있나요? / 우리가 최근에 취항하기 시작한 새 도시에 대해서 알고 있나요? / ○○항공에서 비행하는 일본 도시들에 대해서 말해 주세요.

A I know your company serves about 113 cities in the world, and flies to 10 cities in Japan. Also, your company has recently started serving Meunchen and Sao Paulo.

귀사는 세계의 113개 도시를 취항하고, 일본에서는 10개 도시를 취항하며 최근에는 뮌헨과 상파울루에 취항하기 시작했습니다.

write yourself

Q **Please tell me about how to use mileage card.**

마일리지카드 사용법에 대해 설명해 보세요.

A Your mileage card is very easy to use. The easiest way would be to tell the agent at the time of your booking your mileage card number and they can add it to your account for you. It can also be done upon check in. When you arrive at the check

19 Airline Company

in counter just show the check in clerk your mileage card and she can credit your account with your miles. It is really that simple.

마일리지 사용은 매우 간단합니다. 항공예약 시 직원에게 카드번호를 알릴 수 있고, 체크인 시 직원에게 알리면 마일이 적립됩니다. 체크인 카운터에서 마일리지카드를 직원에게 제시하면 항공기이용 마일을 적립하게 됩니다.

write yourself

Q How can you contribute to our company?

어떻게 우리 회사에 기여할 수 있나요?

A I think that I am a very energetic and enthusiastic person. These characteristics can easily carry over to my passengers whom I am sure will be satisfied with my service. If passengers are happy with me then they will recommend our airline to other travelers. This will make our airline bigger and better.

저는 에너지가 있고 열정적인 사람이라고 생각합니다. 이러한 성격이 친근하게 고객에게 다가가 서비스를 하기 때문에 고객들이 저의 서비스에 만족할 것이라고 생각합니다. 또 승객이 저로 인해서 서비스에 만족한다면 다른 여행자에게 귀사를 추천할 것이며 이것은 회사에 기여할 것이라고 생각합니다.

I have a lot of experiences in various areas of the service field so I learned how to take care of people. I found that my personality is well suited to be a flight attendant. I believe that I can give good impressions to passengers with hospitality.

저는 서비스 분야에서 다양한 경험이 있어서 어떻게 사람을 대해야 하는지에 대해서 배웠으며 제 성격이 승무원이 되는 것에 아주 적합하다고 생각했습니다. 저의 친절함으로 승객들에게 좋은 인상을 줄 수 있다고 생각합니다.

write yourself

Q

How do you think the education you've received will contribute to your work in this field?

당신이 받은 교육이 이 분야에서 일을 하기 위해서 도움이 된다고 생각하나요?

A

I have taken a wide range of courses from Conversational English and Japanese to Airline Ticket Reservations and even to Beauty Coordination. These courses will all help me in this profession. I am sure I will have to use both English and Japanese on flights. If I am not successful in becoming a flight attendant I may become a member of your ground staff so the other courses will help me as well. I think my education has been very well rounded.

저는 영어 회화부터 일본어, 항공예약, 이미지메이킹에 걸친 다양한 교육을 받았습니다. 이러한 교육은 이 직업에서의 전문성을 갖추고, 비행 중에 영어와 일본어를 할 수 있습니다. 만약 제가 승무원이 되지 못한다면 지상직원이 될 수도 있어서 다른 교육들이 저에게 큰 도움이 될 것이라고 생각합니다. 저는 교육을 잘 받았다고 생각합니다.

write yourself

Q

Have you ever flown with ○○ Air? If yes, tell me how you enjoyed the flight. Is there anything you would like to suggest for our better service?

○○항공을 이용해 본 적이 있나요? 그렇다면 그 비행이 즐거웠는지, 또 더 나은 서비스를 위해서 개선할 점이 있는지 말해 주세요.

A

I have flown with ○○ Air 3 times and have always enjoyed it. The flight attendants were kind, the flights were smooth, and everyone was very helpful. My first flight was when I was just a little girl and the flight attendants were so kind to me throughout my journey because they knew I was very scared.

저는 ㅇㅇ항공을 세 번 이용했었는데, 승무원들이 너무 친절했고, 비행 또한 순조로워서 항상 만족했습니다. 제가 처음 비행기를 타본 것은 아주 어렸을 때였는데 제가 무서워한다는 것을 알고 비행 내내 승무원들이 친절하게 보살펴주셨습니다.

write yourself

Q

Are you interested in working with any other companies?

다른 회사에도 관심이 있나요?

A

I have been asked to have an interview with other companies but it has always been a dream of mine to work for your company so I have not accepted the other interviews. Looking back now, I should have taken them just to gain experience for today.

저는 다른 회사에서도 면접을 봤었지만 귀사에서 일하는 것이 항상 저의 꿈이어서 다른 면접에 응시하지 않았습니다. 지금 생각해 보면, 오늘 인터뷰를 위해 그러한 경험을 쌓는 것도 좋았을 것이라고 생각합니다.

write yourself

Q What important trends do you see in our industry?

최근 항공산업에 주목할 만한 경향이 무엇이라고 생각합니까?

A I think that the industry is changing drastically these days because of many reasons. First of all, airlines are having to cut costs on many things because of the rising fuel costs. They are finding it harder to give the same services as in the past. Airplane ticket prices are rising which is making it harder for people to travel. I think that this trend will continue for at least the near future.

최근에는 여러 가지 원인으로 항공산업에 급격한 변화가 있습니다. 무엇보다도, 항공사는 유가상승 때문에 각종 예산을 줄여야 하며, 과거처럼 서비스를 제공하는 것이 힘들어졌습니다. 또 항공권가격도 오르고 있어서 여행하는 사람들이 어려워하고 있는데, 이러한 추세는 당분간 계속될 것이라고 생각합니다.

write yourself

Q Please explain about the effects of high jet fuel prices.

유가상승의 영향에 대해서 설명해 주세요.

A Airlines are now charging customers for things that used to be offered for free. I think that this trend is going to be the same for quite a while as prices are rising on everything.

어떤 때는 고객들에게 무료로 제공했던 것에 요금을 받아야 합니다. 잠정적으로 이런 상황은 계속될 것 같으며 다른 모든 것에 도 가격상승이 있을 것이라고 생각합니다.

write yourself

제20절 View of Life

기업체마다 입사면접 질문이 갈수록 독특해지고 지원자들의 말문이 막히게 하는 면접 질문들이 늘어나는 추세다. 이력서만으로 평가하기 힘든 지원자의 성향, 인성, 가치관 등을 엿보기 위해서다. 특히 현대사회에 와서 세대 간 가치관의 차이와 혼란이 사회문제, 직장 내의 문제로까지 대두되면서 이러한 질문에 대한 답변도 관심을 갖고 생각해 두어야 할 것이다.

특히 가치관에 관한 질문은 자신의 답변에 면접관을 납득시킬 만한 이유를 사례를 들어 솔직하게 자신의 생각을 이야기하는 것이 중요하다.

결혼과 직업과의 관계에 대한 의견, 일에 대한 욕심과 포부를 듣고 싶어서 하는 질문이다. 개인의 일에 대한 의지와 함께 사회 전반에서 적극적이고 진취적인 여성을 필요로 하고, 회사 내에서도 출산 육아휴가관련 정책들도 안정되게 운영되고 있는 풍조임을 들어 자신감 있게 의지를 밝히도록 한다.

Q **What do you think is the most important thing for you to achieve happiness?**

행복을 얻기 위해서 가장 중요한 것은 무엇이라고 생각하나요?

A For me to be truly happy I will need a job that I love and a husband who really cares about me. In the future I would like children but this is a long time away.

진정으로 행복하기 위해서는 제가 좋아하는 직업과 저를 보살펴주는 남편이 필요하다고 생각하며, 미래에는 사랑스러운 아이들이 있어야 한다고 생각합니다.

The most important thing is having good friends. In my opinion a person cannot live by himself. It is really important to have good friends whom I can talk to. I want to be a good and sincere friend to my friends.

사람은 혼자서는 살 수 없기 때문에 좋은 친구를 가져야 한다고 생각합니다. 이야기할 수 있는 좋은 친구를 갖는 것은 정말 중요하고 저는 저의 친구들에게 진정한 좋은 친구가 되려고 합니다.

write yourself

Q **What is the most important thing in your life so far?**
지금까지 당신의 인생에서 가장 중요한 것이 무엇인가요?

A I think the most important thing in my life so far has to be my family. My parents have always supported me through everything and they were always there for me when I needed anything. My older brother is like my best friend and we talk with each other about everything. If he has problems he calls me and I do the same to him.

지금까지 제 인생에서 가장 중요한 것은 가족입니다. 부모님은 모든 것들을 저를 위해 지지해 주시고 항상 제 곁에 있어 주셨습니다. 오빠는 저의 가장 친한 친구이며 모든 일에 대해서 이야기를 나눕니다. 만약 오빠에게 문제가 있으면 저에게 전화하고 저도 똑같이 오빠한테 그렇게 합니다.

write yourself

Q **What basic principle do you apply to your life?**
인생에서의 좌우명은 무엇인가요?

A One basic principle I apply to my life is "Treat others as they will treat me." I take this as meaning if I treat people with kindness and respect then those people should treat me in the same manner. Life doesn't always work this way but I feel it's a good way of thinking.

제 인생에서 적용하는 기본적인 원칙은 "다른 사람이 너를 대하는 것처럼 다른 사람을 대하라"입니다. 제가 친절함과 존경을 가지고 다른 사람을 대하면 사람들도 절 똑같이 대할 것이라고 생각합니다. 항상 그렇게 되진 않지만 이것은 좋은 생각입니다.

I try to keep a good relationship with people. I think that good relationships with people are more important than any other principle. I learned that from my part-time job experience.

저는 사람들과의 좋은 관계를 유지하기 위해 노력합니다. 제 생각에 사람들과의 좋은 관계는 어떠한 원칙보다 중요하다고 생각합니다. 저는 아르바이트 경험을 통해 그것을 배웠습니다.

write yourself

Q

Do you think you are a fortunate person?

본인이 행운아라고 생각하나요?

A

I feel I am a very fortunate person because I was able to grow up in a good family with a good education. My family has always supported my dream and has enrolled me into English academies and other institutes trying to help me improve throughout my childhood. I really wish everyone was as lucky as me.

저는 좋은 교육을 받고 좋은 가족들 속에서 자랄 수 있었기 때문에 행운아라고 생각합니다. 저희 가족은 제 꿈에 대해서 항상 지지해 주셨고, 유년시절 동안 내내 제가 능력을 키우도록 지원해 주셨습니다. 저는 모든 사람이 저처럼 행복했으면 좋겠습니다.

write yourself

Q

What has been your biggest success in life?

당신의 인생에서 가장 큰 성공은 무엇이었나요?

A

I honestly think that my biggest success so far in my life was to be asked to have an interview with your company. This has been my dream since I was a little girl.

There have been many things in my life that I am proud of but nothing can compare to this.

저는 솔직하게 지금까지의 제 인생에서 가장 큰 성공은 귀사와 인터뷰할 수 있게 된 것입니다. 이것은 어릴 때부터 저의 꿈이었고 지금까지 제 인생에서 많은 자랑스러운 일이 있었지만 어떤 것도 이것과는 비교할 수 없습니다.

write yourself

Q

I'd like to hear about your visions for the future.

당신의 미래에 대한 비전을 듣고 싶습니다.

A

I see my future as a bright and enthusiastic flight attendant. I cannot predict the future for your company but by the way that it keeps expanding I can't see an end to how successful it can be. I would love to have a chance to be a part of that.

저는 제 미래가 밝고 열정 있는 승무원이 될 것이라고 생각합니다. 귀사에서의 미래를 예측할 수는 없지만, 제가 성공적으로, 오래 일할 수 있을 것이라고 생각합니다. 꼭 귀사의 일원이 되고 싶습니다.

write yourself

Q Tell me about an experience that changed your life?

당신의 인생을 바꿨던 경험에 대해서 말해 주세요.

A One experience that changed my life was when I traveled overseas with my family to Indonesia. It opened my eyes to the rest of the world and I began to realize how different some places are. The country was very poor and I felt bad when I could not help some of the homeless children. It was so different form our country and it made me want to experience more.

제 인생을 바꾼 경험은 저희 가족과 함께 인도네시아를 여행했던 것입니다. 이것은 세상에 대한 눈을 뜨게 해주었고 다른 세상이 있는지를 깨닫게 해주었습니다. 그 나라는 너무 가난했고 집 없는 어린이들을 도울 수 없을 때 안타까웠습니다. 이것은 우리나라와는 너무 다른 상황이었고, 이것이 더 많은 경험을 하고 싶다는 생각을 하게 해주었습니다.

write yourself

Q Where do you want to be in your life in 5 years?

당신은 5년 후 인생에서 어디에 있었으면 합니까? 5년 후 당신의 모습은?

A I would like to be a flight attendant, traveling around the world, experiencing new things, and continually learning.

저는 세계 곳곳을 여행하고, 새로운 것들을 경험하고, 계속 배우는 승무원이 되고 싶습니다.

write yourself

Q

Where will you be in 10 years?

당신은 10년 후 어디에 있게 될까요? 10년 후 당신의 모습은?

A

In ten years, I will have established myself in the industry as a premier flight attendant. I will have developed a strong career for myself where I am respected by my peers.

10년 후에, 저는 최고의 승무원으로서 자리 잡을 것입니다. 저는 동료들로부터 존경받을 수 있는 곳에서 제 자신을 위한 경력을 개발할 것입니다.

write yourself

Q

What are your short term goals?

당신의 단기적 목표는 무엇인가요?

A

My short term goals are to pass this interview process, become a flight attendant, and continue my training to help make a better career for myself in the future.

제 단기적 목표는 이 면접 과정들을 통과해서 승무원이 되고, 미래에는 제 자신을 위해 더 좋은 경력을 만들기 위한 훈련을 계속할 것입니다.

write yourself

Q

What are your long term goals?

당신의 장기적 목표는 무엇인가요?

A

My long term goals are to continue working for your company while I begin to have a family in Korea. I know I can balance both and be successful.

저의 장기적 목표는 한국에서 가정을 갖고, 귀사와 계속 일하는 것입니다. 저는 가정과 일에서 균형을 맞출 수 있고 성공할 수 있다고 생각합니다.

I hope to work as a flight attendant in your company as long as I can. After retiring from that job, I would like to write a book about being a flight attendant.

저는 제가 할 수 있는 한 최대한 오래 귀사에서 승무원으로 일하고 싶습니다. 은퇴한 후에는 승무원이 되는 것에 대한 책을 쓰고 싶습니다.

write yourself

Q

Please tell me what you think a job is.

직업에 대해 어떻게 생각하나요?

A

A lot of people say that a job for a woman is just a place where she sits for a while before marriage. Even if I don't continue working all life, while I'm working, I want to do the best job I can and learn as much as I can. My philosophy on life is living faithfully and doing my best in everything.

많은 사람들은 여성에게 있어서 직업이란 결혼 전에 잠시 머무르는 곳이라고 말하곤 합니다만, 저는 설령 평생 일을 하지 않는다 해도, 일하는 동안만큼은 할 수 있는 한 최선을 다할 것입니다. 제 인생의 철학은 진실하게 살고 모든 것에 최선을 다하는 것입니다.

I think a job is a way to make a living. It's my work that supports my family and me. Beyond that, I think a job is a way of developing as a person.

제 생각에 직업이란 저와 제 가족의 생활유지를 위한 수단입니다. 그러나 그것을 넘어서 한 인간으로서 자신을 계발할 수 있는 수단이기도 합니다.

To me, a job is something that I have worked very hard to achieve. It is a means of income and a means of preparing myself for a better life in the future. In a perfect world a job would be something that people wake up every morning looking forward to going to. Unfortunately this is not always the case and that's why I am trying so hard now so that I can be a person that loves to get up in the morning to get to her job as a flight attendant.

저에게 직업이란 열심히 일하고 성취해야 하는 그 무엇입니다. 경제적 소득의 수단이 되고 좀 더 나은 미래를 위한 방법이기도 합니다. 완벽한 세상에서의 직업이란 사람들이 아침마다 어딘가 나갈 것을 고대하며 일어나는 일일 것입니다. 그러나 항상 그렇지는 않은 것이므로, 저 또한 승무원의 직업을 갖고 아침에 일어나고 싶기 때문에 열심히 노력하고 있습니다.

write yourself

Q **What is your top priority in getting a job?**

직업을 갖는 데 있어서 가장 중요한 것은 무엇인가요?

A My top priority in getting a job is trying as hard as I can to get a job that I will enjoy. My job doesn't have to give the best salary, have the best hours, or give the best working conditions but if I enjoy going everyday then I think this is the most important thing.

직업을 갖는 데 있어서 가장 중요한 것은 자기가 즐길 수 있는 일을 구하는 것이라고 생각합니다. 제 직업이 최고의 연봉, 근무시간, 근무환경을 주는 것은 아니라도 매일 즐기면서 할 수 있는 일이라면 만족합니다.

The first important factor is whether the job is appropriate to my aptitude and capabilities. Also, working conditions and how a company treats their employee is very important.

직업이 저의 적성과 소질에 잘 맞는지가 첫 번째로 중요한 요소이고, 또 근무환경과 직원복지가 잘되어 있는지도 중요하다고 생각합니다.

write yourself

Q **What are the most important rewards you expect in your career?**

직업에서 가장 기대하는 점은 무엇인가요?

A I think the most important thing that I will receive in my career is a sense of accomplishment from reaching my goal. I will be able to see the world while doing something that I love. I am a real person so I think that it will be a very rewarding job for me.

제 경력에서 가장 원하는 것은 제 목표를 이루면서 성취감을 얻는 것입니다. 또 제가 좋아하는 일을 하면서 세계 여러 곳에 갈 수 있는 것입니다. 저는 인간적인 사람이라서, 이 일을 잘 할 수 있을 것이라고 생각합니다.

write yourself

Q What is the biggest accomplishment in your life?

당신의 인생에서 가장 큰 성공은 무엇이었나요?

A I have had a lot of big accomplishments in my life but I think that the biggest has to have been getting a call from your company to have this interview. It has been my dream for my whole life to work for your company so now I finally feel like I am getting closer to reaching it.

제 인생에서 많은 성공을 맛봤던 것은 아니지만 귀사에서 저에게 면접 기회를 주신 것이 가장 큰 성공이라고 생각합니다. 귀사와 일하는 것은 저의 꿈이었고, 그 목표에 조금은 가까워졌다고 생각합니다.

write yourself

Q What is success to you? / What about failure?

당신에게 성공이란 무엇인가요? 실패는?

A Success to me is making a goal, working hard to achieve it and finally reaching my goal with the best results possible. So far the progress in my goal of becoming a flight attendant is going quite well. Failure is not reaching a goal that I have worked very hard at. I look at failure as a way to learn though. If I don't do something right I will figure out why and work at bettering myself.

성공이란 목표를 만들고, 그것을 이루기 위해서 열심히 노력해서 결국에는 최고의 결과를 내는 것이라고 생각합니다. 지금까지 승무원이라는 목표를 잘 준비하고 있습니다. 또 열심히 노력했지만, 실패하게 된다면 배워나가는 과정으로 생각합니다.

write yourself

Q

What has been the most difficult moment in your life?

인생에서 가장 힘들었던 순간이 언제였나요?

A

The most difficult moment in my life was when I was preparing to write my college entrance exam. It seemed like I had no time to myself at all. I was only studying from early morning until late night everyday. By the time my exams were done I was exhausted.

가장 힘들었던 때는 대학입학 시험을 준비했을 때였습니다. 자신을 위한 시간도 없이 아침부터 늦은 저녁까지 공부를 열심히 해야 해서 힘들었습니다.

write yourself

Q

Can you name three accomplishments you are most proud of?

세 가지 자랑할 만한 성과가 무엇이 있나요?

A

I think that the three accomplishments that I am most proud of are firstly, getting a score of 800 on my TOEIC tests. This is a very hard test but it is a necessity for me. Second, I would have to say was the time when I went abroad to study English and I had to live on my own in a foreign country. I matured a lot from that experience. Lastly, I think it was being accepted into the Air Travel department in my college and finally moving this far and getting an interview with your company.

제가 성취한 것 중에서, 가장 자랑스러웠던 것은 어려웠던 시험이었지만 토익점수를 800점 받은 일입니다. 두 번째로는, 외국에서 혼자 살면서 영어를 배우고, 그 경험을 통해서 성숙해진 것이며, 마지막으로는, 대학 항공관광과에 입학해서 귀사와 인터뷰를 할 수 있는 기회를 가진 것입니다.

write yourself

Q

What are your career goals? / What is your final objective?

당신의 직업 목표는 무엇인가요? / 당신의 최종 목표는 무엇인가요?

A

My career goals are to become a leader in my field. I will get a good job and work so hard to show everyone in my company that they made the right choice in hiring me. I will move up as a leader and advance my career.

저의 직업 목표는 자신의 분야에서 최고가 되는 것입니다. 좋은 직장을 구하고 그곳에서 열심히 일해서 능력을 인정받고 싶으며, 리더로 승진하고 싶습니다.

write yourself

Q

What do you want to do with your life?

당신의 인생에서 앞으로 무엇을 하고 싶나요?

A

All I have ever wanted to do was become a flight attendant. Ever since I was a young girl it has been my dream. I hope to work for your company for as long as I am physically able to. I am really looking forward to you giving me the chance to show you my capabilities.

어렸을 때부터 지금까지 가장 원하는 일은 승무원이 되는 것이었습니다. 그래서 건강이 허락할 때까지 가능하면 오래 일하고 싶으며, 제 능력을 보여드릴 기회가 있었으면 좋겠습니다.

write yourself

Q

What was the most difficult decision you ever had to make?

지금까지 했던 가장 어려운 결정이 무엇이었나요?

A

The most difficult decision I ever had to make was to choose which university to go to. For some people this isn't a hard decision but for me it was because my parents wanted me to go to a university where I could focus on another major but I have always wanted to study to be a flight attendant. We discussed our opinions and they finally let me follow my dream.

어느 대학교를 가야 할지 선택하는 것이 가장 어려운 결정이었습니다. 다른 사람들에게는 어려운 결정이 아니었을지도 모르겠지만, 부모님께서는 제가 다른 전공을 하길 원하셨고, 저는 승무원이 되는 공부를 하고 싶었기 때문에 결정하기가 어려웠습니다. 나중에는 부모님과 충분히 얘기를 나누고, 제 뜻을 따라주셨습니다.

write yourself

제21절 Others

면접에서 면접관이 무슨 질문을 할지 예측하기란 거의 불가능하다.
면접관은 가능하면 지원자가 예상치 못한 의외의 질문을 던짐으로써 지원자의 위기대처능력과 순발력을 판단하고자 한다. 지원자의 입장에서는 생각해 본 바도 없고, 정답도 없을 것만 같은 질문들 때문에 어려움을 겪게 되기 마련이다. 그러나 질문에 대한 답변을 어떻게 풀어가는지를 통해서 지원자의 순발력이나 위기대처능력을 보기 위한 것이므로 난처한 질문이라면 더더욱 '정답'이 없는 만큼 당황하지 말고 질문 의도를 파악하여 단순, 명료하게 자신의 생각을 답변하면 된다.

지원자의 관심이 어느 정도 다양한가를 묻는 최적의 수단은 신문, 방송 등 시사에 관한 질문이다. 특히 신문은 정치, 경제, 사회, 문화 등이 총합된 정보매체이기 때문에 신문에 관한 질문을 통해 지원자의 관심사항을 알게 된다. 특히 면접시점에 사회적 이슈가 되고 있는 뉴스에 대한 자신의 견해를 정리해 둘 필요가 있다.

응시자가 면접관에게 질문하는 기회는 없으나, 마지막으로 "Is there anything you want to ask?(무슨 질문이 있습니까?)"라고 물었을 때 곧 침착한 태도로 "May I ask you something?"이라고 하면서 자신이 궁금한 점을 질문해 보는 것도 무방하다.

Q **If you could meet any famous person, who would you meet?**

유명한 사람을 만난다면 누굴 만나고 싶은가요?

A If I could meet any famous person I would like to meet Condoleezza Rice because she has done so much in her career and broken down a lot of barriers to get her where she is today. I think she can be an inspiration to us all.

제가 유명한 사람을 만날 수 있다면 콘돌리자 라이스를 만나고 싶습니다. 그녀는 자신의 경력을 위해 많은 것을 했고, 지금의 자리에 있기 위해서 많은 어려움을 이겨냈습니다. 그녀는 우리 모두에게 영감을 줄 수 있다고 생각합니다.

write yourself

Q Do you have any plans for further education?

학업에 대한 계획이 있나요?

A Right now, my goal is to reach my dream and become a flight attendant. As soon as I am accept, I am sure I will have to do a lot of training to become the best. After my successful career as a flight attendant I would like to go back to school to further my education so that I could possibly become a professor in the same field I have studied in. I think it would be nice to give back to the industry that has done so much for me.

저의 목표는 승무원이 되는 것입니다. 제가 할 수 있는 한 최고가 되기 위해 많은 것을 할 것이고, 승무원으로서 성공적인 경력을 쌓은 후에는 학교에 가서 더 많은 공부를 하고 그 분야의 교수가 되고 싶습니다. 이러한 것은 곧 항공산업에도 기여할 수 있다고 생각합니다.

write yourself

Q Can you name one person you respect very much?

가장 존경하는 사람을 한 명 말해 보세요.

A The person I respect the most in the world would have to be my father. I never grew up in a rich family but he did everything he could through his work to help my brother and I have the best. I always knew he did a lot for us but never realized how much until I was older. I will never forget everything he has done for us.

제가 세상에서 가장 존경하는 사람은 아버지입니다. 저는 풍족한 가정에서 자라진 않았지만 오빠와 제가 최고를 가질 수 있도록 아버지는 일하시는 동안 해줄 수 있는 모든 것을 해주셨습니다. 저는 항상 아버지가 우리를 위해서 많은 것을 해주셨다는 것을 알지만 나이가 들 때까지 얼마나 해주셨는지를 절대 깨닫지 못했습니다. 저는 우리를 위해서 아버지가 해주셨던 모든 것들을 잊지 못할 것입니다.

21 Others

In high school I had a teacher named Hong Kil-Dong. He helped me a lot when I was having difficulty. I respect his enthusiasm for students and want to express my thanks to him, who always gave me good advice whenever I asked.

제가 고등학교 재학 중에 홍길동 선생님을 존경합니다. 그분은 제가 어려움에 처했을 때 많이 도와주셨습니다. 저는 학생들을 위한 그의 열정을 존경하고 항상 좋은 충고를 해주신 선생님께 감사의 마음을 전하고 싶습니다.

write yourself

Q **When you get your first paycheck, what would you like to do with that money?**

첫 월급을 받으면, 그 돈으로 무엇을 할 건가요?

A When I get my first paycheck I want to take my parents somewhere very special for a nice dinner to thank them for everything they have done for me while I was growing up.

저는 첫 월급을 받으면, 부모님을 멋진 저녁을 함께 할 수 있는 장소로 모시고 가서 지금까지 키워주시면서 저를 위해서 해주신 모든 것에 대해 감사드릴 것입니다.

write yourself

Q **If you had five hundred thousand won, what will you do?**

당신에게 5백만 원이 있으면, 어디에 쓸 것인가요?

A If I had five hundred thousand won I would try to do something very special for my parents who have always been there for me through the good times and the bad. No amount of money could repay them for all they have done but I would like to do whatever I could for them.

저에게 5백만 원이 있으면 언제나 제 곁에 든든하게 있어주신 부모님을 위해서 특별하게 쓰고 싶습니다. 부모님에게 보답하고, 또 제 자신을 위해서도 쓰고 싶습니다.

write yourself

Q **If you were dying in a month, what would you do before then?**

한 달 후에 죽는다면, 죽기 전에 무엇을 할 건가요?

A If I knew I was dying I would take all of my savings and travel to as many places as I could. There are so many places in the world that I would love to see and I would never forgive myself if I missed out on them.

제가 죽는다는 것을 안다면 저축된 돈을 가지고 많은 장소로 여행을 가겠습니다. 세상에는 보고 싶은 장소들이 많아서 그것들을 놓친다면 후회가 될 것 같습니다.

write yourself

Q

Have you read the news recently? / What is the biggest headline in the news?

최근 뉴스를 읽은 적 있나요? / 뉴스에서 가장 큰 이슈가 무엇인가요?

A

I am not sure about all of the news but one thing I always read is about finances and I think it is so amazing that the economy of the United States is doing so poorly while our money is getting stronger. This affects a lot of people in Korea and in other parts of the world. I have read many people in America are having problems finding jobs and keeping them because of the economy now.

뉴스의 모든 것이 확실히 기억나진 않지만, 항상 읽는 것은 경제에 관한 기사입니다. 특히 요즘 원화가치가 강해지는 반면에 미국경제가 어려워지고 있다는 게 놀랍습니다. 또한 미국의 많은 사람들이 현재 경제 상황 때문에 직업을 구하고, 생활을 유지하는 것이 어렵다는 것을 읽었습니다.

write yourself

Q

What type of man would you like to marry?

어떤 사람과 결혼하고 싶은가요?

A

I would like to marry a man who cares for me and wants me to be happy. I don't want a man who expects me to stay home and be a housewife. I am an independent woman and I will be working as a flight attendant. The man I marry has to understand this and we will have to work together on everything.

저는 자기 관리를 잘하고 저를 행복하게 만들어줄 수 있는 사람과 결혼하고 싶습니다. 저는 제가 가정주부가 되어서 집에 있는 것을 원하는 사람은 싫습니다. 저는 독립적인 여자이고 승무원으로 일할 것이기 때문에 저와 결혼하는 남자는 이러한 점을 존중해 주고 함께 해주길 바랍니다.

I would like to marry someone who is open-minded, responsible and humorous. The most important thing is his personality.

저는 오픈마인드에 책임감 있고 유머러스한 사람과 결혼하고 싶습니다. 가장 중요한 것은 인성이라고 생각합니다.

write yourself

Q **Would you think about marrying someone who is not Korean?**

외국인과 결혼하는 것에 대해 어떻게 생각하나요?

A Personally, I would not mind if the man I married was not Korean. I think the most important thing is love and if you truly love someone then it shouldn't matter what country they are from.

개인적으로, 결혼하는 남자가 한국인이 아니라도 신경 쓰지 않습니다. 가장 중요한 것은 사랑이므로 만약 진정으로 누군가를 사랑한다면 그들이 어느 나라 사람인지는 중요하지 않을 것이라고 생각합니다.

I think someone's nationality doesn't matter to me. The most important thing is his personality. If I marry someone who is not Korea, the most important thing is that we understand each other.

제 생각엔 국적은 별로 중요하지 않습니다. 가장 중요한 것은 성격이라고 생각합니다. 외국인과 결혼한다면 서로 더 많이 이해해야 할 것입니다.

write yourself

Q

What is the most impressive thing in your life so far?

지금까지 가장 인상 깊었던 일이 무엇이었나요?

A

The most impressive thing in my life so far was having the chance to travel to another country to study. I was lucky to have the opportunity to do so and it really helped me mature. That experience was invaluable for me.

지금까지 살면서 가장 기억에 남는 일은 해외에 가서 공부를 했던 것입니다. 정말 좋은 기회였고, 덕분에 제가 성숙해질 수 있어서 잊을 수 없는 기억입니다.

write yourself

Q

Have you ever been to Italy? / Do you speak Italian language?

이탈리아에 간 적이 있나요? / 이탈리아어를 할 수 있나요?

A

I have never been to Italy and can not speak Italian but I would love to go there. Italian food is my favorite. I love eating pastas and pizzas. I also love a nice glass of wine with my dinner.

이탈리아에 간 적도 없고, 이탈리아어를 할 수는 없지만 정말 가보고 싶은 곳입니다. 이탈리아 음식은 유명한데, 저는 특히 피자와 파스타를 좋아하고, 저녁식사와 함께 와인을 마시는 것도 좋아합니다.

write yourself

Q

How long does it take to get from here to Japan?

여기에서 일본까지 가는 데 얼마나 걸리나요?

A

It depends on where you go to in Japan but the average flight from Incheon to Japan is about 3 hours long. You could also take a ferry from Busan but that takes a lot longer.

일본의 어느 지역에 가느냐에 따라 다르지만, 인천에서 일본까지 보통 비행시간은 세 시간 정도 걸립니다. 또 부산에서 배를 타고 갈 수도 있지만, 시간이 좀 더 오래 걸립니다.

write yourself

Q

What do you think about a plastic surgery?

성형에 대해서 어떻게 생각하나요?

A

I personally don't think plastic surgery is a good idea. Everyone is unique in their own way and our flaws are what make us special. I would never get plastic surgery done and I always try to discourage my friends from doing it too. In the end it is really up to the person themselves if they do it but I am personally against it.

개인적으로 저는 성형이 좋은 생각은 아니라고 생각합니다. 모든 사람들은 자신의 특별한 모습이 있고, 어떤 결점이 있다고 해도 그것은 자신의 모습이기도 합니다. 그래서 저는 성형을 하지 않을 것이고 만약에 제 친구들이 한다고 해도 말리고 싶습니다. 물론 그것은 자신의 생각에 달려 있지만, 저는 개인적으로 반대합니다.

write yourself

Q

What is the currency and the exchange rate for US dollar in Korea?

한국에서 미 달러 환율이 얼마인가요?

A

The exchange rate between the American dollar and the Korean won is almost the same nowadays. One US dollar is almost the same value as 1000 Korean won. This makes it very easy for American tourists who come and visit us.

한국과 미국의 환율은 요즘에는 거의 비슷해졌습니다. 1달러는 1000원과 거의 비슷해졌고, 이런 점 때문에 미국인 여행객들이 우리나라를 좀 더 쉽게 방문할 수 있게 되었습니다.

write yourself

Q

What are you going to do after this interview? / What are you planning to do after this interview?

이 면접 후에 무엇을 할 예정인가요? / 이 면접 후에 무엇을 할 건가요?

A

When my interview is finished I am going to meet my friends who want to take me out to celebrate. They were all very proud of me for getting this opportunity but I didn't let them take me out before because I wanted to spend my time preparing.

면접이 끝나면 저를 축하해 주기 위해 나온 친구들을 만날 예정입니다. 그들은 제가 이런 기회를 얻은 것에 대해서 저를 자랑스러워했었는데 오늘을 준비하기 위해서 그동안 친구들을 만나지 않았습니다.

write yourself

Q **How can you identify with people in their 20s? / What about the lifestyle?**

당신의 20대와 다른 사람들의 20대가 다른 점이 무엇일까요? / 생활방식이 어떤가요?

A Since I am in my 20's now I think it is easy for me to relate to people in their 20's. I would be able to make all passengers feel comfortable and I think that people in their 20's would respect me for the position I am in at such a young age. There are many different lifestyles of people in their 20's. Some people are very responsible and have made careers for themselves like I am trying to do. Other people have not made any firm decisions about their future and are not working hard towards any particular goal.

지금 20대이기 때문에 20대의 사람들을 잘 안다고 생각합니다. 저는 20대인 사람뿐만 아니라 모든 승객들에게 편안함을 줄 수 있고, 또 어린 나이에 이 직업을 갖게 된 저를 존중해 줄 것이라고 생각합니다. 또 20대의 생활방식은 많이 달라서, 어떤 사람들은 제가 했던 것과 같이 자기개발에 힘쓰고, 책임감을 갖지만, 또 다른 사람들은 특별한 목적이나 미래에 대한 확고한 생각 없이 시간을 보내기도 합니다.

write yourself

Q **What would you do if I told you I thought you were giving a very poor interview today?**

오늘 당신의 인터뷰가 형편없다고 말한다면 어떻게 하겠습니까?

A I would be very disappointed. I have spent a lot of time preparing for today. If you told me this, although I would be upset, I would stay strong and try to improve for the rest of it.

매우 실망스러울 것입니다. 저는 오늘을 준비하기 위해 많은 시간을 보냈습니다. 그렇게 말씀하신다면 낙담하겠지만, 명심하고 부족한 부분을 향상시키도록 노력하겠습니다.

I'd consider the problems you mentioned and try to change myself to be a better person because I really want to be a flight attendant.

저의 문제점에 대해서 말씀해 주신다면 저를 더 나은 사람으로 만들기 위해 노력하겠습니다. 정말 승무원이 되고 싶기에 노력할 것입니다.

write yourself

5

Scenario Questions : What would you do?

Scenario Questions : What would you do? 05

최근 항공사 승무원 채용 영어인터뷰에서는 기내에서 발생 가능한 "만약 승객이 … 한다면 어떻게 할 것인가?" 등과 같은 현장 중심의 '상황'을 제시하고 그에 대한 답변을 요구하는 추세이다.

또한 이보다 더욱 적극적인 방법으로 '역할연기(Role Play)'면접을 실시하기도 한다. 이는 기내에서 벌어질 수 있는 다양한 서비스 상황에서 승객과 승무원의 역할을 설정하여 모의로 실연(實演)하도록 하는 방법인데 실제로 지원자는 영어로 답변하는 것뿐만 아니라 승무원의 역할까지 해내야 하므로 더욱 어려움을 느낄 것이다. 항공사 측에서 이러한 면접방법을 택하는 이유는 승무원은 사람을 상대하는 직업이기 때문에 지원자들의 다양한 모습을 승객의 입장에서 보다 입체적으로 파악할 수 있는 장점이 있기 때문이다. 이러한 '역할연기'는 지원자가 용모, 스피치, 서비스 마인드 등 어느 한 부분만이 아닌 서비스맨으로서 얼마나 준비되었는지를 종합적으로 판단할 수 있는 좋은 방법임에는 틀림이 없다.

역할연기에서 항공사에서 준비하는 가상 상황은 승객이 아플 때, 커피를 쏟았을 때, 어린이 승객이 소란을 피울 때 등 실제 비행근무 중 발생할 수 있는 매우 다양한 상황들이다. 이러한 상황들은 사실 그때의 상황, 승객의 성향 등 여러 가지 복합적인 요소들이 결합되기 마련이므로 단순히 제시된 역할극 상황하에서 현명한 답을 찾는 것은 베테랑 승무원이라도 불가능할지 모른다. 그러므로 어떠한 주어진 상황 설정에도 크게 당황하지 않도록 한다.

역할연기는 주로 불만승객을 응대함에 있어서 발생하는 사례들을 중심으로 이뤄지며 전문적인 지식에 근거한 정답이 있는 것이 아니라 상황에 따른 상식적인 판단 정도를 평가하려는 것이다. 역할연기를 통해 상대방에게 주는 호감이나 임기응변능력을 발휘하여 문제를 해결하는 순발력, 사고력, 재치 등이 중요한 평가요소가 될 것이기 때문이다.

당신의 상식에 근거하여 다음의 사항들에 유의하면서 주어진 상황들을 어떻게 대처할지 생각해 보도록 하라.

어떠한 일이든 신속하게 해결하고자 하는 적극적인 태도를 업무에서 발휘할 수 있는지 의욕을 보고자 하는 것이 질문의 포인트라는 점을 명심하라.

승객의 요구를 이행할 수 없을 때

1. 사과한다. (I'm sorry...)
2. 공감을 표현한다. (I understand...)
3. 이유를 설명한다. (That's because...)
4. 대안을 제시한다. (How about ... instead of that...)

제1절 Seat Trouble

Q

If a passenger wants to change his/her seat to first-class, what would you do?

승객이 자신의 좌석을 퍼스트클래스로 바꾸길 원한다면, 어떻게 하겠습니까?

일반적으로 좌석변경을 원하는 승객의 경우 우선 좌석에 대한 불만을 야기한 데 대해 사과하고 빈 좌석이 있는지 알아본다. 빈 좌석이 없는 경우 탑승완료 후 혹시 자리를 바꿔줄 의향이 있는 승객이 있는지 알아보겠다고 한다. 그러나 기내에서 일등석으로의 변경은 원칙적으로 불가능하다.

A

I would first apologize, then I would explain to the passenger that all of our first class seats are full or that our first class seats have to be booked before flights; it is against our policy to upgrade passengers.

먼저 승객에게 모든 퍼스트클래스 좌석이 만석이라거나, 출발 전에 예약이 다 되어 있음을 설명할 것입니다. 승객좌석을 업그레이드시켜 주는 것은 규정에 어긋나기 때문입니다.

write yourself

Q What would you say to a passenger who wants to sit with his wife? (There are no empty seats available.)

자신의 아내와 앉기를 원하는 승객에게 뭐라고 하겠습니까? (빈 좌석이 없다.)

A I would inform the passenger that, at the moment, there are no available seats, but after take off I would see if there was a way we could make arrangements for them to be seated together.

승객에게 그 순간에는 좌석이 없지만 이륙한 후에는 함께 앉을 수 있도록 방법을 찾아보겠다고 말씀드리겠습니다.

When no seats are available for the passenger who wants to change his seat, I would make an effort to find someone who would change seats voluntarily. I think a stewardess is a good cabin coordinator as well.

빈 좌석이 없는 상황에서, 승객이 좌석을 바꾸기를 원하는 경우, 좌석을 바꿔줄 의향이 있는 승객을 찾도록 노력하겠습니다. 승무원은 기내의 조정자이기도 합니다.

write yourself

Q What would you say or do if you saw that passengers have been double seated by the ground staff?

지상직원의 실수로 승객에게 더블 좌석예약이 되면 어떻게 하겠습니까?

좌석이 이중배정된 경우는 양쪽 모두에게 사과의 말씀을 드리고 나중에 탑승한 승객을 승무원 좌석에 잠시 안내한 후, 지상직원을 통해 다른 좌석번호를 받아 안내한다. 사후 양쪽 승객 모두에게 다시 사과한다.

A First, I would apologize about the situation. I would try to find out which passenger was double booked, and I would check to see if I could upgrade them because it was our fault and we have inconvenienced the customer. I would not want them to tell others about their negative experience with our company.

처음에는, 이 상황에 대해서 사과를 드리고 어떤 승객이 더블예약이 되었는지 찾아서 혹시 좌석을 업그레이드해 드릴 수 있는지 알아봅니다. 이는 우리의 실수로 인해 승객이 불편함을 받기 때문이며, 우리 회사에서 일어난 안 좋은 경험을 다른 사람에게 전하지 않기를 원하기 때문입니다.

write yourself

Q **A passenger is sitting in the bulkhead seat and he doesn't want to watch the movie. What would you say? (There are no empty seats available.)**

한 승객이 스크린 앞좌석에 앉아 있으면서 영화 보기를 원치 않습니다. 어떻게 하겠습니까? (남은 좌석이 없다.)

A I would inform the passenger that there are no extra seats available. Then I would offer to give him an eye mask so that the movie would not bother him. I would also see if I could get him a newspaper or magazine to keep him occupied.

여분의 좌석이 남지 않았다는 것을 승객에게 알리고, 스크린 불빛에 방해받지 않도록 눈가리개를 제공합니다. 또한 승객이 이용할 수 있는 신문이나 잡지가 있는지 찾아볼 것입니다.

write yourself

제2절 Safety

항공기 내에서는 승객의 안전을 위해 지켜야 하는 사항들이 있다. 예를 들면 무거운 짐이나 술병 등을 선반 위에 올려놓지 않는다거나, 항공기 이착륙 전후 승객은 반드시 착석하여 좌석벨트를 착용해야 하는 등의 사항들이다.

기내흡연은 항공기의 안전을 위해서 엄격하게 금지되어 있다. 특히 승무원은 승객의 안전한 여행을 책임지는 임무를 띠고 있는 만큼 승객의 안전을 위해 지켜야 할 사항은 정중히 요구한다.

Q **What would you say to a passenger who asks to use the lavatory before take-off?**

이륙하기 전에 화장실을 사용하길 원하는 승객에게 어떻게 말하겠습니까?

A If the airplane is still being boarded I would inform the passenger that it is fine. If the plane is in motion, then I would explain to him/her that it is not possible to use the lavatory until after we have taken off and the seatbelt sign has been turned off.

승객이 탑승 중이라면 화장실에 가는 것이 무방하지만 비행기가 이동 중이라면 안전하게 이륙하여 좌석벨트 사인이 꺼질 때까지 화장실을 사용할 수 없다고 설명드립니다.

write yourself

Q A passenger is trying to put a very heavy bag in the overhead bin. What would you do?

한 승객이 선반 위에 무거운 가방을 넣으려고 합니다. 어떻게 하겠습니까?

A I would inform the passenger that their bag is too heavy, and I would offer to put the bag in one of our storage compartments in the front of the aircraft until we have landed. I would explain that it would be a safety risk to have the heavy bag in the overhead bin.

승객에게 가방이 너무 무거우니 비행기가 착륙할 때까지 비행기 앞의 코트룸에 가방을 보관하겠다고 알립니다. 무거운 가방을 선반 위에 넣는 것은 비행안전에 위험이 될 수도 있기 때문입니다.

I would inform the passenger that excessively heavy items or fragile articles shouldn't be kept in the overhead bin. I would explain that the aisles always have to be open for an unexpected emergency situation and for convenient passage.

초과량의 무거운 짐이나 깨지는 물건은 선반 위에 두어서는 안된다는 것을 알리겠습니다. 복도는 승객이 다니는 통로로서, 예기치 않은 비상시를 대비하여 비워두어야 한다고 설명하겠습니다.

write yourself

Q If a passenger smokes on the airplane, how would you handle him?

승객이 비행기에서 담배를 핀다면, 어떻게 그 승객을 자제시켜야 합니까?

기내에서의 흡연은 항공기 화재의 중요한 원인이 되므로, 수많은 승객들의 생명을 위협할 수 있는 매우 위험한 행위이다. 승무원이 이러한 위험성을 승객에게 알리고 안전운항을 위해 기내흡연은 엄격히 금지되어 있음을 강조한다면 대부분의 승객들은 협조할 것이다. 그러나 이러한 만류에도 계속해서 흡연을 하려고 하면 항공법에 따라 처벌받을 수 있다는 내용을 단호하게 알리고 사무장에게 보고하는 것이 바람직하다.

A I would tell the passenger that he has to immediately put the cigarette out and that is strictly forbidden to smoke on any airplane for safety. I would be polite about the situation but make sure that the passenger knows it is serious.

승객에게 즉시 담배를 꺼주실 것을 말씀드리고, 비행기 안에서 담배를 피우는 것은 안전을 위해 엄격하게 금지되어 있음을 알립니다. 그 상황에서는 정중하게 하되 승객에게 그것이 심각한 일이라는 것을 확인시킵니다.

I would tell the passenger that smoking is prohibited for safety purposes and ask him to put out his cigarette. I know I should be extremely cautious but also considerate.

승객에게 흡연은 안전을 위해 금지되어 있음을 말씀드리겠습니다. 그리고 담배를 꺼주실 것을 요구하겠습니다. 최대한 신중하고 조심스럽게 해야 함을 잘 알고 있습니다.

write yourself

Q **You have asked a passenger to fasten his seatbelt several times but he hasn't done so. How would you solve this problem?**

승객에게 좌석벨트 착용을 여러 번 말했지만, 승객은 그렇게 하지 않습니다. 이 문제를 어떻게 풀어야 합니까?

A I would be as polite as possible but would explain to the passenger that it is part of flight regulation to have seatbelt fastened at all times when the seatbelt light is on. If he continued to keep the seatbelt off I would have to inform security on the ground and there would be repercussions after the flight.

가능한 한 정중하게 말하되 좌석벨트 표시등이 들어왔을 때 항시 좌석벨트 착용은 규정이라는 것을 설명합니다. 만약 승객이 계속해서 하지 않는다면 지상안전직원에게 알릴 것이며, 비행 후에 조치를 받게 될 것입니다.

write yourself

Q

If there is a bomb threat, how would you feel? How would you handle yourself?

폭발물 협박이 있다면, 어떨 것 같습니까? 어떻게 대처하겠습니까?

항공기 내에서 예기치 않은 비상사태가 발생하는 경우, 승무원은 승객의 안전한 여행을 책임지는 임무를 띠고 있는 만큼 우선 승객을 안심시키도록 노력해야 하며 발생한 비상사태 행동절차에 따라 침착하게 행동하도록 한다. 또한 승객에게 시시각각 상황을 알리도록 한다.

A

If there were a bomb threat on my flight, of course I would be scared, but I would have to handle myself with strength because I would not want to worry my passengers. I would make sure that everyone stayed calm and I would do whatever I could to make them comfortable until we landed.

비행기에서 폭발물 협박이 있다면 물론 두렵겠지만 승객들이 걱정하지 않도록 제 자신이 먼저 진정해야 할 것입니다. 모든 사람들이 진정하도록 하고 착륙할 때까지 승객들을 편안하게 만들어드리도록 할 것입니다.

write yourself

Q **We are experiencing severe turbulence and a passenger looks very scared. What would you say?**

심한 난기류에 승객들이 두려워하고 있습니다. 어떻게 말하겠습니까?

A I would go see the passenger and try to talk to them in a very soothing voice while I explain exactly what turbulence is. When passengers understand that it is a natural part of flying and that there is nothing wrong with the airplane, then they will be more comfortable. A fear of flying is common, so I think the most important thing is for me to talk in a soft voice when speaking to a person who is scared.

승객들에게 난기류가 무엇이었는지 정확하게 설명하면서 그들을 안정시킬 것입니다. 승객들에게 비행 중에 자연스러운 부분이라는 것을 이해시키면 잘못되었다고 생각하지도 않고, 좀 더 편안하게 생각할 것입니다. 비행의 두려움은 일반적인 일인데, 저에게 있어서 가장 중요한 것은 두려워하는 사람에게 말할 때 부드러운 목소리로 얘기하는 것이라고 생각합니다.

write yourself

Q **There could be a lot of emergency situations on an airplane. How can you handle them?**

비행기에는 많은 응급상황이 있을 수 있습니다. 어떻게 그것들을 해결할 것입니까?

A I think the most important thing for me to do as a flight attendant is to stay calm and make sure the passengers are safe. If they are safe and calm then there will not be a scene. It will be much easier to handle any problems if there are no passengers who are worried.

승무원으로서 가장 중요하게 해야 할 일은 진정하고 승객들이 안전하도록 하는 것입니다. 우선 승객들이 안전하고 진정하면, 두려워하지 않을 것입니다. 걱정하는 승객이 없다면 어떤 문제를 해결하는 것도 더욱 쉬워질 것입니다.

write yourself

Q

If a passenger expresses strong complaints about a delayed departure, what would you say?

승객이 지연된 출발에 대해서 심하게 불평한다면, 어떻게 말하겠습니까?

항공기가 지연되는 경우, 우선 정확한 이유를 설명하도록 한다. 비행점검 등으로 인한 지연일 경우 안전한 비행을 위해서 불가피한 상황이라는 것을 정중하게 알려드린다. 항공기가 연착하는 이유는 대부분 기상변화나 공항혼잡과 같은 불가항력적인 경우가 많으나 항공사의 배상여부 차원을 떠나서 지연된 사실 자체를 정중히 사과하고 최대한 승객의 감정이 상하지 않도록 이러한 사실관계를 잘 설명한다. 단 상황에 따라 정확한 사실을 확인한 후 답변을 해야 하며 개인적인 소견으로 안내하는 것은 금지사항이다.

A

First, I would apologize and I would explain the circumstances kindly and clearly. Then I would ask for the passenger's understanding and cooperation regarding the situation.

먼저, 상황에 대해서 사과하고 자초지종에 대해서 명확하고 친절하게 설명할 것입니다. 그 후에는 이 상황에 양해와 협조를 요청할 것입니다.

write yourself

S02 Safety

제3절 In-flight Service

서비스원칙은 우선 승객의 요구사항을 들어드리려고 최대한 노력하는 것이며, 여건상 불가능한 경우 사과와 함께 대체 방법을 찾아야 한다. 서비스정신은 역지사지이다. 항상 상대방의 입장에서 생각하는 자세가 필요하다. 기내에서는 여건에 따라 승객이 요구하는 서비스를 제공해 드리지 못하는 경우가 있다. 흔히 승객이 찾는 특정 신문이 없는 경우라든가, 승객에 따라 원하는 기내온도가 다른 경우 등 다양한 상황에 적절히 대비할 줄 알아야 한다.

Q **What would you say to a passenger if you don't have a newspaper or magazine that he or she wants to read?**

지금 승객이 원하는 신문이나 잡지가 없는데, 승객이 원한다면 어떻게 말할 것입니까?

A I would apologize for not having the reading materials they would like, and then I would offer all of the other choices we have. The passenger may be interested in something else.

저는 먼저 읽을 것을 가지고 있지 않은 것을 사과하고, 우리가 제공할 수 있는 다른 것을 제공할 것입니다. 그러면 승객은 다른 것에 관심을 보일 것이라고 생각합니다.

I would apologize for that. I would find out the second best way to satisfy the passenger's wishes to read the newspaper. In such situations, the basic point is to offer an alternative item that is available.

우선 사과하고, 차선책을 찾아서 승객의 요구를 만족시키고자 할 것입니다. 제 생각에 그러한 상황에서는 가능한 대체품을 제공하는 것이 중요하다고 생각합니다.

write yourself

Q

A passenger wants to buy a product that is sold out. What would you say?

승객이 다 팔린 상품을 사길 원한다면, 뭐라고 말할 것입니까?

A

I would apologize for being sold out of the product that they want and then I would offer to have them order the product for their return flight.

승객이 원하는 상품이 매진된 것에 대해서 사과를 하고, 돌아오는 비행기에서 그 상품을 주문해서 받을 수 있도록 할 것입니다.

write yourself

Q

If a passenger complains that it's really hot in the aircraft, what would you do?

승객이 비행기가 매우 덥다고 불평한다면, 어떻게 할 것입니까?

기내온도는 항상 적정온도로 자동으로 유지됨을 알리고, 추위를 느끼는 승객에게는 담요를 제공하거나, 따뜻한 차나 음료를 권해 드리는 것과 같이 세심한 서비스를 발휘하는 것이 좋다.

A

I would check to see if they had their fan turned on. If it was not on I would turn it on for them. If it was on I would apologize for the inconvenience and offer to get them a cool drink.

환기시스템이 작동하는지 확인하고, 만약 그것이 꺼져 있다면, 켜드릴 것입니다. 만약 그것이 켜져 있다면 불편함에 대해서 사과하고 시원한 음료를 가져다드릴 것입니다.

write yourself

S03 In-flight Service

제4절 Food & Beverage Service

국제선 비행에서 흔히 접하게 되는 승객의 불만사항은 식음료서비스 중 승무원의 실수로 혹은 준비가 되지 않아서 승객이 원하는 음식을 제공하지 못하는 경우이다. 이러한 경우 우선은 해당 승객에게 불만사항에 대한 사과를 하고, 최대한 만족한 서비스를 위해 노력해야 한다. 단 원하는 음식이 준비되지 못하는 경우 다른 대체할 수 있는 방법을 찾아보도록 노력한다.

Q **What would you say to a passenger if he asks for a drink that you don't have on board?**

비행기에 없는 음료를 승객이 요구하면, 뭐라고 말할 것입니까?

A I would apologize to the passenger and explain that we do not have that particular drink available at the moment. Then I would suggest an alternative that would be similar to his first request.

승객에게 먼저 사과드리고, 현재 원하는 음료를 제공할 수 없다는 것에 대해서 설명해 드립니다. 그 후에 대안으로, 요청했었던 것과 비슷한 종류의 다른 음료를 추천해 드립니다.

write yourself

Q **What would you say if you don't know how to make the cocktail the passenger wants?**

승객이 원하는 칵테일을 만드는 방법을 모른다면, 어떻게 할 것입니까?

A I would apologize to the passenger and explain that I am not sure how to make the cocktail. I would then ask my co-worker if they knew how to make that particular cocktail. If they also do not know how to make the cocktail I will then offer an alternative to the passenger.

승객에게 칵테일 만드는 방법을 정확히 모른다고 사과하고 설명할 것입니다. 만약 동료 중에서 특정 칵테일을 만드는 방법을 아는 사람이 있다면 도움을 청하고, 그들도 모른다면 승객에게 다른 것을 제공할 것입니다.

write yourself

Q

If a drunken passenger keeps requesting more alcohol, what would you do?

취한 승객이 술을 더 마시기를 요청한다, 어떻게 할 것입니까?

A

I would apologize and then explain to the passenger that we have a limit on drinks per passenger because of the high pressure in the surroundings on the airplane, and we are unable to serve him/her any more at this time. I would then offer to get him/her a non alcoholic drink.

승객에게 비행기 안에서의 압력 때문에 승객에게는 제한된 알코올 양이 있다는 것을 설명하고 사과드리며, 더 이상의 술을 드리지 않습니다. 대신 알코올이 없는 음료를 제공할 것입니다.

write yourself

Q

You're serving meals on a short flight and a passenger asks for his meal later. What would you say?

단거리 비행에서 식사를 제공하고 있는데, 한 승객이 나중에 식사하기를 원합니다. 뭐라고 말할 것입니까?

A

I would apologize to the passenger and explain that as soon as the meals are finished and cleaned up we will be starting our landing process, so unfortunately we can not serve his meal at a later time.

저는 승객에게 착륙준비가 시작되면 나중에는 식사서비스가 어렵기 때문에 식사가 금방 끝나고 정리될 것임을 설명하고 사과드립니다.

write yourself

Q

The passenger wants to have the beef entree but you've run out. What would you say?

승객은 소고기 메인요리를 원하는데 다 서비스되고 없습니다. 어떻게 할 것인가요?

승객이 원하는 기내식이 제공되지 못하는 경우, 우선 다른 구역에 여분이 있는지 확인을 한다. 승객은 자신을 위해 최선을 다하는 승무원 모습을 보는 것만으로도 불만이 많이 줄어들게 될 것이다. 한번 불만을 가진 승객은 도착 때까지 좀 더 세심한 배려와 서비스를 드리고, 두 번째 식사 때는 그 승객에게 가장 먼저 식사 선택의 기회를 드리는 것도 좋은 방법이다.

A

I would first apologize and explain to them that all the beef entrees have been given away. I would then try to offer the other entree to them. If this is not what the passenger would like, I would see if I could get them anything else and I would apologize again.

먼저 모든 소고기요리가 서비스되어 없다는 것을 설명하고 사과드립니다. 그리고 다른 주요리를 제공하려고 노력합니다. 만약 승객이 원하는 것이 아니라면 다른 것이 있는지 알아보고 다시 한 번 사과합니다.

write yourself

Q

If you find you have missed serving one passenger the meal, what would you say?

당신이 한 승객에게 식사서비스를 잊어버렸다면, 어떻게 하겠습니까?

기내에서 발생하는 승객들의 불만 가운데 가장 많이 발생하는 사례 중 하나이다. 승무원은 수십 명의 승객에 대한 서비스 중 한 사람을 빠뜨린 것이지만 승객에게는 자신에게 주어지는 단 한 번의 서비스를 받지 못하는 만큼 그 불만은 매우 클 것이므로 정중히 사과하고 부족한 서비스를 만회할 수 있도록 노력한다. 승객의 불만이 매우 심할 경우 상급자나 사무장에게 보고하도록 한다.

A

First, I would apologize about the situation. Then I would ask for the passenger's understanding and continuously pay attention to him or her.

먼저, 이 상황에 대해서 사과할 것입니다. 그리고 이 상황에 대해서 양해를 부탁하고는 이후부터 지속적으로 그 승객에게 신경을 쓰겠습니다.

write yourself

S04 Food & Beverage Service

Q **If an economy-passenger asks for the first-class meal, what would you do?**

일반석 승객이 일등석 식사를 원한다면, 어떻게 할 것입니까?

A I would apologize to the passenger and explain that the first class meals are limited only to our first class passengers and that we do not have enough to offer to our economy passengers. I would then ask if there is anything else I could get him or her instead.

승객에게 퍼스트클래스 식사는 퍼스트클래스에 타는 승객들에게 한정되어 탑재되므로 일반석 승객들에게 제공할 수 있는 충분한 양이 없다는 것을 설명하고 사과드립니다. 만약 다른 것이 있다면 대신해서 드실 것을 제안합니다.

write yourself

Q **How can you explain bi-bim-bap? Can you explain how to eat it?**

비빔밥을 어떻게 설명할 것인가요? 그것을 먹는 방법을 설명할 수 있나요?

A I would explain Bi-bim-bap to passengers as a rice dish topped with a variety of vegetables and a fried egg. The passenger then has the option to add hot pepper paste as well. It can be eaten by mixing all the vegetables and egg into the rice. Hot pepper paste is then added and mixed to taste. I would always warn foreign passengers to be careful with the hot pepper paste as it is very spicy.

승객에게 비빔밥은 야채와 계란프라이가 위에 놓여 있는 쌀요리라고 설명할 것입니다. 또한 고추장을 첨가할 수 있고, 밥에 각종 야채와 달걀을 비벼서 먹는 것입니다. 또 항상 외국 승객들에게 고추장이 많이 매우니까 주의할 것을 알려드립니다.

Bibimbap is a popular Korean dish. The word literally means "stirred/mixed rice" or "stirred/mixed meal." Bibimbap is served as a bowl of warm white rice topped with namul (sauted and seasoned vegetables), beef, a fried egg, and gochujang (chili pepper paste). The ingredients are stirred together thoroughly just before eating.

비빔밥은 한국의 대표음식입니다. 그 의미는 섞은 밥, 섞은 음식이라는 뜻입니다. 비빔밥은 볶거나 양념을 한 야채인 나물, 고기, 계란과 고추장을 얹은 밥의 형태로 제공됩니다. 그 모든 내용물을 섞어서 드시면 됩니다.

write yourself

Q

You are distributing the meal trays and a passenger says he has requested a special meal, but the special meal is not on board. What would you say to the passenger?

당신이 식사서비스 중인데, 한 승객이 특별한 식사를 요청합니다. 특별한 식사는 비행기에 없습니다. 승객에게 뭐라고 설명할 것입니까?

A

I would apologize to the passenger and explain that there must have been a mistake in our orders. I would try to satisfy the passenger with something else that we may have on board. In a case like this where it was our mistake, I would try to offer more than what we could usually offer to our passengers.

저는 승객에게 오늘 주문된 기내식 탑재상의 실수가 있었다고 말씀드리고 사과드릴 것입니다. 또 승객에게 비행기에 준비된 다른 음식을 찾아서 만족시켜 드리기 위해 노력할 것입니다. 우리의 실수 때문에 일어난 지금과 같은 상황에서는, 평소에 제공하는 것보다 더 좋은 것을 제공합니다.

write yourself

Q What would you do or say to a passenger who complains that there is foreign matter in his meal?

승객의 식사에 이물질이 있어서 불평하는 승객이 있다면 어떻게 행동하고, 말할 것입니까?

우선 정중하게 사과하고 다른 식사로 바꿔드려야 한다. 그리고 객실담당자(사무장)에게 즉시 보고를 한다. 이렇게 항공사 측의 명백한 실수에 대한 불만은 승무원의 노력에 따라서 사후처리가 크게 달라지기 때문에 좀 더 적극적인 대처가 필요하다.

A I would immediately apologize for the incident and replace the passenger's meal right away. I would then try to see if there is anything else I can get him or her to make up for this problem.

그 사고에 대해서 즉시 사과하고 승객의 식사를 바로 교체해 드립니다. 이 문제에 대해서 대처할 수 있는 다른 것이 있는지 찾아볼 것입니다.

write yourself

Q A passenger in the economy class section asks for an additional meal, but no extra meals are available. What would you do?

일반석 클래스 구역에서 한 승객이 여분의 식사를 요청하는데 여분의 식사가 없을 때, 뭐라고 할 것인가요?

A I would apologize to the passenger and explain that we have run out of meals for the flight so we are unable to give him or her another one. I would then suggest an alternative to another meal to try to help satisfy the passenger.

승객에게 비행기에 탑재된 식사가 모두 서비스되어 한 번 더 드릴 수 없다는 것을 설명하고 사과드립니다. 그리고 대안으로 승객이 만족할 수 있도록 다른 식사를 권할 것입니다.

write yourself

Q

You spilled tomato juice on a passenger during sudden turbulence. What would you do?

당신이 갑작스런 난기류 때문에 한 승객에게 토마토 주스를 엎질렀습니다. 어떻게 할 것입니까?

기내의 통로가 많이 좁기 때문에 실제로 이러한 일들이 자주 발생한다. 이러한 경우 우선 정중하게 사과하고 승객의 항공여행이 불편하지 않도록 최선의 노력을 다해야 한다. 그리고 해당 비행 중 같은 사례가 다시 발생하지 않도록 동료 승무원들에게 이러한 사실을 알려주는 것도 중요하다.

A

I would apologize to the passenger and ask them if they have something to change into while I get them something to clean the stain with. I would then inform them that the airline will have their garments dry-cleaned for them at no charge.

승객에게 사과드리고, 얼룩을 세탁하는 동안에 바꿔서 입을 수 있는 것이 있는지 여쭈어봅니다. 그 다음 항공사에서 세탁서비스를 제공해 드릴 것임을 말씀드리겠습니다.

write yourself

제5절 Passenger Sickness

Q **What would you offer to a passenger who has a digestion problem / a sore throat / a bad headache?**

소화불량 / 목감기 / 두통을 느끼는 승객에게 무엇을 제공할 것입니까?

비행 중인 항공기 내는 환경이 일반적인 경우와 많은 차이가 있다. 따라서 위급한 상황이 아니면 주관적인 판단으로 치료하는 것은 금물이다. 증상에 따라 기내탑재된 구급약을 제공할 수 있으나, 가능하면 약을 복용하는 방법보다 따뜻한 차, 소다류 등을 드리거나 기내를 걷는 것과 같이 간단한 운동을 권해 드리는 것이 좋다.

A If a passenger has a digestion problem I would offer them some milk to help calm their stomach. If a passenger has a sore throat I would try to offer them a warm drink to help soothe their throat. Finally, if a person has a bad headache I would then offer them some headache medicine. I have to keep all my passengers comfortable.

만약 승객이 소화에 문제가 있다면, 위를 진정시킬 수 있도록 약간의 우유를 제공할 것입니다. 만약 승객이 목감기가 있다면, 목을 부드럽게 할 수 있도록 따뜻한 음료를 제공할 것입니다. 마지막으로, 승객이 두통이 있으면, 두통약을 드립니다. 저는 저의 모든 승객들이 편안할 수 있도록 노력해야 한다고 생각합니다.

write yourself

Q

A passenger claims that his ears are plugged. What would you suggest?

승객이 자신의 귀가 막혔다고 불평을 하는데, 무엇을 제안할 것인가요?

A

There are a couple of things that I would suggest to passengers whose ears are popping. From my personal experience, I would suggest swallowing deeply. If this did not work I would suggest chewing gum. These two things have helped me in the past.

귀가 막히는 증상을 가진 승객에게 제공할 수 있는 몇 가지가 있습니다. 제 개인적인 경험으로 볼 때, 침을 삼키거나, 껌을 씹는 것을 제안하겠습니다. 이 두 가지는 옛날에 제가 해봤었고, 효과가 있었습니다.

write yourself

Q

What would you offer to a passenger who is not feeling well (fever)?

몸이 불편한 승객에게 무엇을 제공할 수 있나요?

A

I think providing medicine is one of the ways in which the cabin attendants can assist a passenger who is not feeling well. The cabin attendants should only provide it on the passenger's request. Before giving medicine to a passenger, they should check whether he or she are allergic to it or not.

제 생각에 약을 제공하는 것은 승무원이 불편한 승객을 도울 수 있는 방법 중 하나입니다. 그러나 승무원은 오직 승객의 요구에 따라서 제공해야 합니다. 또한 약을 드리기 전 반드시 승객이 그 약에 대한 알레르기가 있는지 확인해야 합니다.

Medicine is only one way to help a passenger who is not feeling well. Making passenger as comfortable as possible, providing a cold towel for his forehead, adjusting the ventilation, and finding a place where the passenger can lie down are some of the things that the cabin attendants can do to help passengers.

약은 몸이 불편한 승객을 도울 수 있는 하나의 방법이 됩니다. 가능한 승객을 편안하게 하고, 이마에 댈 찬 수건을 제공하며, 환기를 확인하고, 승객이 누워서 쉴 수 있는 장소를 알아보겠습니다.

write yourself

제6절 Passenger

Q **How can you recognize a passenger who is angry?**

승객이 화가 났는지 어떻게 알 수 있습니까?

서비스맨으로서 프로정신을 갖고 임하기 위해서는 항상 역지사지의 정신으로 승객의 마음을 미리 읽으려고 노력해야 한다.

A There are many ways to tell if passenger is angry. I measure reactions of customers. If they are being loud and disturbing the other passengers it is a good sign that they are angry about something. Another way a passenger shows anger is by complaining about one thing after another.

승객이 화가 났을 때 말하는 여러 가지 방법이 있는데, 승객의 반응을 알아냅니다. 만약 그들이 소리를 크게 하거나 다른 승객을 방해하면, 그들이 어떤 것에 대해서 화가 났다는 신호이고, 승객이 다른 것 다음에 또 하나에 대해서 불평을 하면, 그들이 화났다는 것을 보여주는 또 다른 방법입니다.

write yourself

Q **What would be your reaction toward an angry passenger? Why? / How would you handle a dissatisfied passenger? Why?**

화가 난 승객에 대해서 어떻게 행동을 할 것이며, 그 행동의 이유는 무엇인가요?

A I would first try to find out why the passenger is angry and then I would apologize for whatever they are angry about. I would stay calm and speak in a soothing voice to the passenger in the hopes that he/she will stay calm and not cause a scene in front of the other passengers. I will then do whatever I can to help make the passenger more comfortable.

먼저 승객이 왜 화가 났는지 알아내려 하고, 무엇에 그들이 화가 났든지 무관하게 사과드립니다. 또 승객에게 그들이 진정해서 다른 승객들 앞에서 그런 장면을 보이지 않길 원하기 때문에 조용한 목소리로 진정을 유지하면서 말씀드립니다. 그리고 무엇이든지 승객을 더 편안하게 만들 수 있는 방법을 찾겠습니다.

I would try to talk in a calm, even voice, in order to get the person to respond in a business-like manner and focus on trying to resolve the situation.

손님에게 정중히 응대하며, 그 상황을 푸는 것에 집중하기 위해서 목소리를 차분히, 진정하며 말할 것입니다.

I think if a passenger complains angrily about something, the stewardess must remain calm and polite. By accepting his complaint without an argument, his anger will soon pass.

승객이 어떤 점에 불평을 한다면 승무원은 침착하고 정중하게 응대해야 합니다. 승객과 논쟁 없이 불만을 들어드리는 것으로써 화가 많이 풀릴 것입니다.

write. yourself

Q **A passenger says, "Please tell the passengers sitting on the opposite side to be quiet."**
승객이 "저 반대편의 승객들에게 좀 조용히 하라고 해주세요"라고 말했다면.

A I will apologize to the passenger for the disruption and will proceed to the other passenger and explain that it is a long flight and that some passengers are trying to sleep. I would then apologize to that passenger and ask them to please keep their voice down so as to not disturb others.

우선 승객에게 사과하고, 다른 승객에게 가서 이 비행은 장거리이며 승객들이 수면을 취하려 하고 있음을 설명한다. 그 다음 목소리를 낮추고 조용히 해서 다른 승객을 방해하지 않아주기를 부탁한다.

write yourself

Q **If a passenger looked really sad and didn't eat anything, what would you do?**
한 승객이 매우 슬퍼 보이고 아무것도 먹지 않는다면, 어떻게 하겠습니까?

A I would kindly confront the passenger and ask if everything is ok. If they are nervous about flying I would try to have a nice talk with them to help comfort them. If I could get them anything to make them more comfortable I would try my best.

승객을 친근하게 마주보고, 괜찮으시냐고 물어볼 것입니다. 만약 그들이 비행에 대해서 걱정하고 있다면, 그들에게 편안함을 주기 위해서 즐거운 이야기를 해드리고, 만약 그들이 다른 일 때문이라면 최선을 다해서 더 편안하게 해드릴 것입니다.

write yourself

Q

What would you do for a passenger who is bored?

지루해 하는 승객에게 어떻게 할 것입니까?

A

I would first talk to the passenger and see if there is anything they would like me to do for them. I would then offer to get them a magazine or a newspaper to read. They may even just want a pillow or blanket so they can take a nap.

먼저 승객이 혹시 원하는 것이 있는지 묻고, 신중하게 살펴봅니다. 그 이후에는 읽을 잡지나 신문 같은 것을 제공하며, 단지 수면을 취하기 위해서일 경우 베개나 담요를 제공합니다.

write yourself

Q

When you don't feel like smiling, what do you do?

당신이 웃고 싶지 않을 때, 어떻게 할 것입니까?

답변 중에 자신의 마인드컨트롤을 통해 어떠한 상황에서라도 승객에게 밝은 표정을 지으려고 노력하겠다는 마음가짐을 표현하는 것이 바람직하다.

A

When I don't feel like smiling and I am at work I just try to keep in mind that I have worked very hard to get this position as a flight attendant and it makes me happy because I know that I have succeeded. Thinking of this always brings a smile to my face.

웃고 싶지 않을 때는, 현재 업무 중이라는 것을 명심하고 승무원으로서 최선을 다합니다. 제가 성공한 승무원이라는 사실만으로 행복하기 때문에 항상 얼굴에 미소가 지어질 것입니다.

write yourself

Q

A passenger wants to take a service item with them as a souvenir, how would you respond?

기념품으로 다른 서비스용품을 요구하는 승객이 있다면, 어떻게 대처하겠습니까?

A

I would explain to the passenger that our service items are for our flights only and I would offer a suggestion of buying a souvenir from our on-board duty free magazine which offers some service items.

승객에게 우리의 서비스용품은 오직 기내에서만 이용할 수 있다는 것을 설명해 드리고, 비행 중에 서비스용품을 파는 면세품 잡지를 보고 면세쇼핑으로 기념품을 사는 것을 추천해 드립니다.

write yourself

Q

If a passenger takes a blanket, what would you do?

한 승객이 담요를 가지고 간다면, 뭐라고 말할 것인가요?

모든 기내물품은 면세품이므로 반출이 금지됨을 알리고, 가능한 다른 서비스물품을 제공하도록 한다.

A

I would stop the passenger, apologize, and explain to them that they are not allowed to take blankets from the plane because they are for service use only. I would then suggest that if they would like a souvenir they could buy one from our duty free shops.

저는 승객에게 자제해 달라고 요청하고, 그것이 오직 서비스 중에 사용되는 것이기 때문에 비행기 외부로 담요를 가져갈 수 없다는 것을 설명하고 사과드립니다. 만약 승객이 기념품을 사길 원하시면, 기내 면세 쇼핑에서 살 수 있다는 말씀을 드립니다.

write yourself

Q **What would you tell a passenger who insists on taking a look at the cockpit?**

조종실을 보고 싶다고 요구하는 승객에게 어떻게 말할 것인가요?

기내에서 안전상 혹은 법적 규정상 불가능한 일은 정중히 거절한다. 승객의 비행 중 조종실 출입은 금지되어 있으므로 착륙 후에 안내하도록 한다.

A I would apologize then explain to the passenger that due to safety regulations on flights these days, it is against our policy to let anyone except authorized personnel within the cockpit.

최근 비행안전이 조종실 내에 권한을 부여받은 사람을 제외하고는 누구든지 들어가는 것이 법에 저촉되기 때문에 할 수 없다는 것을 승객에게 설명해 드리고 사과합니다.

write yourself

Q **If you got asked about a problem from a passenger that you knew you couldn't resolve, what would you do?**

승객에게 당신이 해결할 수 없는 문제를 부탁받았다면, 뭐라고 말할 것인가요?

A The first thing I would do is apologize for not being able to help them right away but ask them to wait a moment. I would then go to my senior and explain the problem, as she may have a solution to his problem.

제가 할 수 있는 방법은 지금 당장 승객을 도와드릴 수 없다는 것을 사과하지만 잠시만 기다려달라고 부탁하겠습니다. 그리고 선배님은 아마도 그 문제에 대한 해결책을 가졌을 것이므로 이 문제를 말할 것입니다.

write yourself

Q

How do you handle unruly or demanding passengers?

응대하기 힘들거나 요구가 지나친 승객을 어떻게 대처할 것인가요?

A

If I had an unruly or demanding passenger I would explain to them that our flight is currently very full and that I would serve them as soon as possible. I would then ask them to respect the other passengers on the fight while they are getting served.

만약 요구가 지나친 승객을 만난다면 현재 우리 비행기가 만석임을 말씀드리고, 가능하면 최대한 신속하게 서비스할 것입니다. 그 다음 다른 승객들이 서비스를 받는 동안에는 다른 승객들을 존중해 달라고 부탁하겠습니다.

write yourself

Q

A passenger says, "I can't fly anymore. I'd like to get off now."

승객이 "비행기 타고 있기가 힘들어요. 지금 당장 내리고 싶어요"라고 한다면?

A

I would first apologize to the passenger then I would explain to them that it is impossible for them to leave the plane at the moment. I would accompany them back to their seats and try to offer them something to calm them for the remainder of the flight. As a last resort, if the passenger will not stay calm I will have to inform them that ground staff will be notified and further action will be taken upon arrival at our destination.

우선 승객에게 지금 비행기에서 내리는 것은 불가능함을 설명하고 자리에서 진정할 수 있도록 하겠습니다. 마지막 수단으로, 승객이 진정하지 않는다면 지상직원에게 통보되어 착륙지에서 적절한 후속조치가 이루어질 것임을 알려야 할 것입니다.

write yourself

Q

If a passenger verbally abused you, how would you handle it?

한 승객이 당신에게 험한 말을 한다면, 어떻게 대처할 것인가요?

A

I would explain to them that there is no reason to be disrespectful to me or to other passengers. I would then ask them to show some respect towards others and tell them that, if they continued to act in such a way, ground crew would be informed and further action would be taken upon landing.

승객에게 제가 또는 다른 승객이 무례함을 받을 이유가 없다는 것을 말하고, 존중해 달라고 부탁할 것입니다. 하지만 계속해서 그렇게 행동한다면 지상직원에게 알리고 추후의 조치는 착륙 후에 취할 것입니다.

write yourself

Q

If a passenger keeps touching your bottom, what would you do?

한 승객이 당신의 엉덩이를 만진다면, 어떻게 할 것인가요?

A

I would politely ask the passenger to stop touching me and the other flight attendants. If this continued I would inform my senior of the situation. If this action were still to continue, I would inform the passenger that ground staff at our destination will be contacted and further action will be taken.

정중하게 저와 다른 승무원들을 만지는 것을 그만하라고 부탁할 것입니다. 만약 계속해서 그렇게 한다면 선배에게 이 상황을 알리고, 그래도 이 행동이 계속된다면 도착지의 지상직원에게 연락해서 추후의 조치를 취할 것입니다.

write yourself

Q

If a passenger asks you on a date, what would you do?

한 승객이 당신과 데이트하기를 원한다면 어떻게 할 것인가요?

기내에서 곤란한 부탁을 받거나 해결하기 어려운 문제가 있을 때 무엇보다 끝까지 예의를 지키도록 할 것이며 기내는 공적인 업무수행 중이라는 점을 밝힌다. 승무원의 해외체류 또한 근무의 연장이므로 이러한 경우 우선 감사의 표시를 한 후, 손님이 불쾌감을 느끼지 않도록 최대한 정중하게 거절하는 것이 좋다.

A

If a passenger asked me on a date I would thank them and then explain to the passenger that I was flattered but it was against our policy to date passengers from our flights.

승객이 저에게 데이트를 신청한다면 먼저 감사함을 나타내지만 비행근무 중 승객과 데이트하는 것은 규정에 어긋난다는 것을 설명할 것입니다.

write yourself

제7절 Baby Service

Q

If a baby keeps crying, what would you do?

한 아이가 계속해서 운다면, 어떻게 할 것인가요?

아기나 어린이와 관련하여 다른 승객의 불만이 있는 경우는 매우 민감한 사항이 될 수 있으므로 양쪽 승객 모두에게 불쾌감을 주지 않도록 하기가 매우 어렵다. 우선 원인을 제공한 아이엄마에게 다른 승객들을 위해서 아이를 돌봐주기를 정중하게 요청한다. 그리고 필요하다면 불만을 표시한 승객을 위해서 빈 좌석이 있는지 확인하고 다른 좌석으로 바꿔드리는 것도 좋다.

A

I would go talk to the parent and see what the problem is. If the baby is hungry, I can get it some milk. If it is sick I would try to comfort it while it is on my flight. It is my job to help the parent make the flight as comfortable as possible for the child.

저는 부모에게 가서 무슨 문제가 발생했는지 물어보고 상황을 살펴볼 것입니다. 만약 아기가 배고프다면, 우유를 가져다주고, 아기가 아프다면 비행 중에 아이가 편안히 있을 수 있도록 도와줄 것입니다. 비행 중에 아이들을 편하게 해줘서 부모들을 돕는 것은 저의 일이기도 합니다.

write yourself

Q

If a child was running in the cabin, what would you do?

한 어린이가 객실에서 뛰고 있다면, 어떻게 할 것인가요?

A

I would first talk to the child and tell them to please take their seats. If they do not listen I would inform the parents that the children can not continue to run throughout the cabin as it is disturbing the other passengers and running in the aircraft is really dangerous to passengers because of turbulence. They will have to stay in their seats until the flight has landed.

아이에게 가서 좌석에 앉아달라고 말을 합니다. 만약 듣지 않는다면, 아이의 엄마에게 기내에서 뛰어다니는 것은 다른 승객들을 불편하게 하는 것이고, 난기류가 발생할 수 있으므로 승객들에게 위험한 일이라는 것을 알립니다. 아이들은 비행기가 착륙할 때까지 자기 좌석에서 조용히 앉아 있어야 합니다.

write yourself

S07 Baby Service

Q **What would you tell a mother whose child is disturbing other passengers?**

다른 승객을 불편하게 하는 아이의 엄마에게 뭐라고 말할 것입니까?

기내에서 아이들은 지루해 하기 때문에 흔히 이러한 경우가 있다. 무엇보다 각기 승객의 입장에서 생각하는 것이 중요하다. 기내에 실린 선물이나 과자 등 아이가 좋아할 만한 물품들을 최대한 활용하여 아이에게 주는 것도 좋은 방법 중 하나이다.

A I would first explain to the mother that during a flight, passengers have to be respectful of others and that she would have to keep her children quiet. I would then try to offer a coloring book or crayons to the child to keep them occupied.

먼저 아이의 엄마에게 비행 중에는 다른 사람을 존중해 주어야 하니 아이를 조용히 시켜달라고 말씀드립니다. 그리고 아이에게는 색칠공부책이나 크레파스를 제공합니다.

write yourself

제8절 Foreign Passenger

Q **What do you think are some difficult problems working with foreign passengers?**

외국 승객들을 응대하는 데서 발생하는 어려운 문제가 뭐라고 생각하나요?

A The biggest problem working with foreign passengers would definitely be the language barrier, but I am sure other problems will come into play as well. I think culture will have an effect in some situations. For example, on the menu, some passengers may not be able to eat pork because of their religion.

외국 승객들과 일하는 데 있어 가장 어려운 문제점은 언어문제이지만, 다른 문제들도 역시 발생할 수 있다고 생각합니다. 제 생각에 어떤 상황들에는 서로 다른 문화가 영향을 미친다고 생각하는데, 예를 들면 어떤 승객들은 자신의 종교문제 때문에 돼지고기를 먹을 수 없는 것과 같은 경우입니다.

write yourself

Q What would you do if you can't understand what a foreign passenger says?

만약 외국인 승객이 말하는 것을 이해할 수 없다면 어떻게 할 것인가요?

A First of all, I would try to understand what he says. Then, I would ask the passenger to please wait for a moment and I would go to ask for assistance from a fellow flight attendant. I would then come back with my co-worker and explain to the passenger that this flight attendant can help them.

먼저, 이해하려고 노력하겠습니다. 다음, 승객에게 잠시만 기다려달라고 부탁하고 동료 승무원에게 도움을 요청하러 갑니다. 그리고 동료와 함께 다시 와서 승객을 돕도록 하겠습니다.

write yourself

S08 Foreign Passenger

제9절 Senior

Q **If your co-worker is in a stressful situation, how can you help her handle it?**

당신의 동료가 매우 스트레스를 받는 상황에 있다면, 그녀의 스트레스 해소를 어떻게 도와줄 수 있습니까?

A I would wait until the co-worker returned to the center and ask her if there was anything I could do to help. If there is anything I can do to help her I would.

저는 그녀가 괜찮아질 때까지 기다리고 제가 도울 수 있는 것이 있는지 물어볼 것입니다. 만약 제가 다른 것을 도울 수 있으면 제가 할 수 있는 것을 하겠습니다.

write yourself

Q **If a certain junior employee didn't concentrate on work and forgot things easily, what would you do as a senior?**

만약 후배승무원이 일에 집중하지 못하고 쉽게 잊는다면, 선배로서 어떻게 할 것입니까?

A I would ask her if there was anything I could do to help her, and I would also ask for the opinions of my colleagues to help her. I would take the junior attendant aside and explain to her that it is her responsibility to concentrate on her work and stay focused.

그녀가 내 도움이 필요한지 아닌지 물어보고, 또한 그녀를 위해 동료들과 도와줍니다. 그리고 저는 후배 승무원에게 가서 일에 집중하는 것은 자신의 책임이니 집중해야 한다고 말할 것입니다.

write yourself

Q **If you have some tension with your senior, how can you handle it?**

당신의 선배와 약간의 긴장이 있다면, 어떻게 그것을 대처할 수 있습니까?

A I like learning. I will take advice in a very humble way. If I am having tension with a senior I would ask to speak to her alone and I would try to explain my problems. I know we have to work together for a long time so I don't want to have any complications. I think it is better if we try to talk our problems out.

저는 배우는 것을 좋아하기 때문에, 겸손하게 충고를 받아들이겠습니다. 그러나 만약 제가 선배와 긴장상태라면, 그녀에게 가서 제 문제를 설명하려고 노력하겠습니다. 오랫동안 함께 일해야 하기 때문에 어떤 불편도 없었으면 좋겠습니다. 또한 우리가 문제점을 말할 수 있으면 더 좋을 것 같습니다.

write yourself

S09 Senior

6

Appendix : Airline Terminology

Word	Meaning	Example Sentence
airfare	cost of a plane ticket	The cost of your meal is covered in your **airfare**.
aisle	corridor in airplane bet ween the seats [there are usually one or two]	Please keep your bags out of the **aisle** so that nobody trips.
aisle seat	the seat that is next to the aisle	I'll give you an **aisle seat** in case you need to walk around with the baby.
assist	help	Please wait until everyone is off the plane so that we can **assist** you.
arrive	reach a destination	I am glad to see you all **arrived** safely.
baggage	the bags and suitcases that travellers put their belongings in	I'm afraid your **baggage** got on the wrong airplane.
board	to get on or enter an aeroplane	I hope to see you on **board**.
baggage, luggage claim	place where you pick up your baggage after arrival	The announcement will direct you to the correct **baggage claim**.
blanket	warm covering	If you feel cold I can get you a **blanket**.
boarding pass	part of the ticket that you give to the crew as you step onto the plane	May I see your **boarding pass**, please?
bumpy, rough	up and down movement of the aircraft	It might be a **bumpy** ride because we are flying through a storm.
cabin	interior of the aircraft	There is no smoking allowed inside the **cabin**.

Word	Meaning	Example Sentence
call light	a button passengers can press to get a crew member's attention	If you need anything, just press the **call light**.
captain	the person who is in charge of the plane	Would the kids like to go and meet the **captain**?
charter	discount airline	If you take a **charter** it will cost you half as much.
cockpit	the part of the plane where the captain and his co-pilots sit	The captain and his co-pilot sit in the **cockpit**.
check in	to register for a flight, inc. checking of tickets, passports, luggage etc.	Please **check in** at least 45 minutes before departure time.
confirmation	passenger's telephone validation of return reservation; reconfirmation	We don't have a reservation under that name. Do you have a **confirmation** number?
comfortable	feel good physically, able to relax	Because you have long legs you might be more **comfortable** in an aisle seat.
complimentary	free of charge	We offer **complimentary** coffee or tea, but you have to pay for alcohol.
co-pilot	person who helps the captain fly the plane	If the captain gets sick the **co-pilot** can take over.
depart	leave	The flight bound for New York **departs** at 4 pm, so make sure you don't miss it.

Word	Meaning	Example Sentence
duty free	[of products: cigarettes, perfume etc.] not taxable; exempt from customs taxes	What is the **duty-free** limits entering Korea?
domestic	within the same country national, not international [a domestic flight is entirely within one country]	You should be at the airport two hours ahead of time for **domestic** flights.
emergency exit	section of the plane that opens in the case of an accident	Are you comfortable sitting next to the **emergency exit**?
e-ticket	airfare purchased on the internet	You will need to present your identification along with your **e-ticket**.
excess baggage	heavier/more bags than you are allowed luggage that is more than the permitted or allowed weight	You can either pay for your **excess baggage** or leave one of your bags behind.
first-class	more expensive seating, with better services	When you sit in **first-class** you get a better meal to eat.
flight	an aeroplane scheduled to fly a certain route at a certain time	I hope you enjoy the **flight**.
gate	place where passengers go to wait to board a plane *n.* the point in an airport at which a particular flight arrives and departs	**Gate** 3B is down this hall and to your right.
hand luggage	*n.* light bags, briefcases etc. that may be carried on board by passengers	I'm leaving for Europe next week and I had honestly thought that my **luggage** would be here by now.

Word	Meaning	Example Sentence
headset, earphones	device that allows passengers to listen to music or a movie	We will be coming around to sell **headsets** for five dollars.
IATA	*abbr.* International Air Transport Association	**IATA** estimates the number of job losses in the sector will climb to 200,000 by the end of the year.
immigration officer	*n.* government official responsible for checking passengers' passports	The **immigration officer** stamped my passport.
international	worldwide	For **international** departures, go up one level.
jet lag	tiredness due to travelling through different time zones *n.* extreme tiredness etc. after a long flight between extreme time zones	I'm used to travelling now. My body doesn't suffer from **jet lag** anymore.
land	returning to the ground after being in the air	We will be **landing** in Tokyo in approximately ten minutes.
life vest, life jacket	a blow-up device that you put on in an emergency over water	Please take a moment to locate the **life vest** under your seat.
motion sickness	a bad feeling in the stomach that passengers get during a rough ride	There is a paper bag in front of you in case you experience **motion sickness**.
overbooked	more passengers than available seats	The flight is **overbooked**. Four of our passengers will have to wait for the next flight.
overhead bin/compartment	place above the seats for storing luggage	You'll have to put your bag under your seat because all of the **overhead bins** are full.

Word	Meaning	Example Sentence
over-sized baggage	items that do not fit in suitcases	Infant car seats and sporting equipment can be picked up at the **over-sized baggage** counter.
oxygen mask	a device that goes over a person's face, provides air in case of cabin air pressure loss	Put your **oxygen mask** on first before putting one on your child.
passport	document that proves a person's identification and nationality	Please have your **passport** out when you go through security.
proceed	go forward	Please **proceed** all the way to the back of the cabin.
pilot	the person who drives the plane	The **pilot** is circling over the airport until it is safe to land.
refreshments	drinks and snacks	It's a short flight, so we will be serving **refreshments** but not a meal.
row	a number of seats beside each other	You are in seat B of **row** nine. You are seated in row 30, seat B.
runway	the strip of land that an airplane takes-off and lands on *n.* the strip on which planes land and take off	The plane almost missed the **runway** because it was such a bad storm.
seatbelt	device that holds passengers in their seats	Please remain in your seats while the **seatbelt** light is on.
sit back	relax in a seated position	Please **sit back** and enjoy the bus tour.

Word	Meaning	Example Sentence
steward(male), stewardess(female), flight attendant, air host	man or woman who provides service for passengers during a flight	Ask one of the **stewardesses** for a pillow if you're tired.
stopover	touching down at more than one airport during a flight	It's not a direct flight. We're making one **stopover** in Toronto.
take off	when the plane leaves the ground	We are next in line to **take off** on this runway.
taxi in, out	driving an airplane to the correct place for taking off or deboarding	Please remain in your seats until we **taxi in** to the gate. In about five minutes time we will get ready to **taxi out** to the runway.
touch down	when the aircraft wheels land on the ground	That was a very smooth **touch down**.
transit	*n.* A transit passenger is one stopping at an airport that is not his destination	I'm a **transit** passenger. I just change planes at Incheon.
ticket	*n.* receipt for transportation etc. An air ticket has one coupon for each journey	The one-way ticket is $100, but if you buy a round trip **ticket**, there's a 10% discount.
turbulence	rough flight	We are about to go through a large pocket of **turbulence** so prepare for a bumpy ride.
wheelchair	a seat for pushing elderly, disabled, or injured people	A steward will take you to the gate with a **wheelchair**.
window seat	seat next to the window where passengers can look out	If your child wants a **window seat** I can move you back a row.

7

Appendix : Food & Beverage Terminology

Word	Meaning	Example Sentence
alcohol, liquor	a distilled liquid such as rum or whiskey	This beer has 4% **alcohol**.
appetizer	small snack before a meal	Would you like some garlic bread or another **appetizer** to start?
appetizing	looks pleasing to eat	I'm afraid these pancakes don't look very **appetizing**.
apron	a cloth covering worn over the clothes while cooking	Remove your **apron** before you come out to the dining room.
awful (taste)	very bad taste	The customer said that her pasta was **awful**.
bar	place in an establishment where people go to get a drink (especially alcoholic drinks)	If you sit up at the **bar** you don't have to order any food.
barbeque	southern style of cooking over a grill	The **barbeque** wings are our specialty.
beverage	drink	Can I bring you some **beverages** while you look at the menus?
black coffee	coffee without any milk	Should I bring some cream, or do you take your coffee **black**?
boil	style of cooking that involves placing food in a deep pot of extremely hot water	We usually **boil** the potatoes first so that they will cook faster.
booze	alcohol	You've been into the **booze** already, haven't you?

Word	Meaning	Example Sentence
bread basket	slices of bread and butter served before and with a meal	I'll bring you a **bread basket** to hold the kids down until dinner.
buffet	self-serve tables of food that are set out for the customer to pick and choose from	The plates and everything you need are up at the **buffet**.
burnt	overcooked to the point of turning black	The toast is **burnt** around the edges.
check on	make sure the guests are satisfied	You should always **check on** your guests about two minutes after you serve the meal.
clear	remove finished or unused items from a table	You need to **clear** this table and set it for four.
cocktail	an alcoholic drink with juice	Would anyone care for a **cocktail** on this warm sunny day?
coffee maker	machine that dispenses coffee into a glass container for pouring	You need to teach the new waitress how to operate the **coffee maker**.
coffee round	an offering of coffee and refills around a section of a restaurant	Let's ask the busboy to do a **coffee round** while we take a smoke break.
combo, combination	mixture	The **combo** platter has veggies, ribs, and chicken fingers.
comment card	a piece of paper that customers are given to record their dining experience	When she asked for a **comment card** I knew she was going to complain about the food.

Word	Meaning	Example Sentence
complaint	a problem with service or food	The guest brought his **complaint** to the manager.
condiments	types of sauces that are added for flavouring (i.e. mustard)	All of the **condiments** you should need are on the table.
cook	prepare and heat food until it is ready to serve	The guest says that this chicken isn't **cooked** enough.
corkscrew	tool for removing the cork from the top of a wine bottle	You will need to learn how to work a **corkscrew** before you start bartending.
creamer	small plastic container of cream for coffee	Will you need more than two **creamers** for your coffee?
credit card	a plastic card that allows people to pay for something later	You forgot to sign your **credit card** slip.
customer, guest	person who goes to an establishment to be served	It is our policy that the **customer** is always right.
customer service	treatment of guests	Our restaurant got the award for having the best **customer service** this year.
cutlery, silverware, utensils	tools for eating with (fork, knife, spoon)	In a fine dining restaurant the staff has to polish the **silverware**.
cut off	stop serving a customer any more alcohol	I **cut off** the man with the beard because he'd had too much to drink.
deep fried	cooked in a large pot of oil	Most of the appetizers on our menu are **deep fried**.

Word	Meaning	Example Sentence
defrost, thaw	remove frozen food from the freezer to prepare	Don't forget to **defrost** some pies for tomorrow.
delicious	very good taste	The cookies were so **delicious** they were gone in half an hour.
dessert	sweet treat after a meal	I think we're too full to have **dessert** tonight.
dessert tray	a plate of all of the desserts that customers can view and order from	I'll bring the **dessert tray** around and see if I can tempt any of you with a slice of cake or pie.
dirty dishes	plates that customers are finished with	I'll just clear these **dirty dishes** and make some room for you.
double	two shots of alcohol in one drink	Make that a **double** in a tall glass, please.
draft	beer from a keg that pours out of a tap	We have a selection of local beers on **draft**.
dressing	liquid topping for salads	Would you like Italian or French **dressing**?
dry	no sauce	I'll have **dry** toast with two eggs.
entree, main course	the largest part of a meal (after appetizer, before dessert)	The **entrees** are after the lunch specials on page 6 of the menu.
float	small amount of cash used to make change at the beginning of a server or bartender's shift	I need a roll of quarters for my **float**.

Word	Meaning	Example Sentence
fry	cook over an element in oil	Don't **fry** the vegetables too long or they will go soggy.
garnish	food that is added to a plate for appearance or colour (i.e. parsley or fruit)	Don't forget to **garnish** all of the entrees that go out.
glassware	group of drinking glasses	Make sure the **glassware** doesn't have any spots before you put it away.
gloves (plastic)	covering for the hands to prevent the spread of germs	Whenever you are handling food make sure you are wearing **gloves**.
greet	say hello and welcome customers to the establishment	Your priority as a hostess is to **greet** the guests at the door with a smile.
grill	cooking over iron slats that allow for oil and fat to drop down	The healthiest way to prepare meat is on a **grill**.
highball	alcohol served with soda	Our **highballs** are on for half price today.
hold	leave off/without	I'll take a hamburger, **hold** the bun.
ingredients	all of the different foods that are combined in a recipe	I'll check the **ingredients** to make sure there aren't any nuts.
kettle	pot for boiling water for tea	I'll put the **kettle** on and make some fresh tea.
lemon, lime wedge	a small segment of lemon or lime put on the rim of a glass	I'd like a **lemon** wedge for my ice water please.

Word	Meaning	Example Sentence
liqueur	alcohol that has a syrupy/sweet taste	Can I offer you a coffee **liqueur** to go with your dessert?
melt	warm to soften (i.e. cheese/ butter)	First, **melt** two tablespoons of butter in the microwave.
menu	a booklet of all of the food that can be ordered	Do you have a children's **menu** we could see?
microwave	a small appliance that heats and cooks food quickly	We can heat your dinner in the **microwave** if you like.
mild	not spicy	I'd like a half dozen **mild** chicken wings.
non alcoholic beverage	a drink that resembles a certain drink without the alcohol	Can I order a **non alcoholic** beer?
notepad	paper that a server uses to write down orders	Just let me grab my notepad and I'll take your order.
on the rocks	on ice	I'll take a whiskey **on the rocks**.
on the side	request for a food item not to be put on top of another food item	For the nachos, can we have the sour cream **on the side**?
order	make a request to a server	Is everyone ready to **order** lunch now?
party	group of people at or waiting for a table	A **party** of twelve just walked in without a reservation.
pitcher, jug	a container with a spout to pour water, beer, or other beverages out of	We'll take a **pitcher** of beer with four glasses.
portion	a separate amount of food	The chicken fingers are already **portioned** in the freezer.

Word	Meaning	Example Sentence
pour	dispense liquid from a container	Can I **pour** you folks another glass of water?
prepare	get food ready	The servers have to **prepare** the salads themselves.
rare	cooked meat that is pink inside	This steak is too **rare** for me to eat.
recipe	list of ingredients and instructions for preparing a certain type of food	Our chef is so talented that he almost never bothers with a **recipe**.
roll-up	a set of cutlery wrapped in a napkin	Before we punch out we have to prepare enough **roll-ups** for the night shift.
rush	prepare quickly for a certain reason	We always have a **rush** after church on Sundays.
sauce	liquid flavouring added to food	What kind of **sauce** would you like on your ice cream, butter-scotch or chocolate?
seasoning	dry flavouring added to food	He wants the chicken plain without any **seasoning**.
self-serve	the customers bring their own food items to the table and do not pay for service	We have a buffet on, so it's **self-serve** for lunch.
serve	look after a customer, bring items to a customer	Is there someone in charge of **serving** out on the patio?
set	get a table ready with items such as cutlery and glassware	I need you to clear and **set** table five for a party of eight.
shade	place outside that is not in the sun	We'd like to sit on the patio if there is any **shade**.

Word	Meaning	Example Sentence
shot	one ounce of alcohol served in a small glass (shot glass)	Let's do a **shot** to get this party started.
shooter	an ounce of alcohol and juice combined	Is there a **shooter** that has orange juice in it?
side dish	choice of food that goes with a main meal	The two **side dishes** are mashed potatoes or French fries.
sour	acid or fermented taste	I think the milk has gone **sour** from sitting out of the fridge too long.
specials	items that were prepared particularly for a certain day and are usually at a reduced price	Would you like to hear the **specials** before you decide on lunch.
specialty	food item that a restaurant is popular for	Homemade fish and chips is our **specialty**.
spicy	hot flavour	Any item with three chilies beside it means that the dish is very **spicy**.
stir, mix	spin round and round with a spoon	**Stir** the soup for a few minutes before you serve it.
straw	long hollow plastic stick for drinking out of	Can I please get a **straw** for my ice tea?
straight up	alcoholic drink without any mix or ice	He always has a **straight up** glass of rum after his meal.
substitute	replace one item for another	Can I **substitute** the carrots for corn?
sweet	taste with a lot of sugar	If you like **sweet** things, you'll love our chocolate cheesecake.

Word	Meaning	Example Sentence
two-minute check	a visit to a table approximately two minutes after the food has been served to check for satisfaction	Don't forget to do your **two-minute check** to make sure the steak is cooked properly.
toppings	food items that go on top of other food items to add flavour	What type of **toppings** would you like to have on your pizza?
uniform	clothing that staff members have to wear	The **uniform** here is black pants and a white shirt.
warm up	heat food to an enjoyable temperature for eating	Would you mind **warming up** the baby's bottle for me?
well-done	cooked for longer than average	The meat was so **well-done** it had no flavor.
wine list	a menu of all of the wine you can order from the glass, litre, or bottle	You will notice that we have a lot of local wine on our **wine list**.
winery	a place where wine is made, tasted, and sold	There is another **winery** up the hill that you might enjoy stopping at.
wine tasting	sampling different types of wine	If you are interested in trying some wines you should go on a **wine tasting** tour.

8

Appendix : In-flight Announcement

영어 기내방송문 읽기

기내방송은 승객의 쾌적하고 안전한 여행을 위해 객실승무원이 적합한 시점에 기내시설, 서비스 이용 안내 및 항공여행에 필요한 각종 정보를 효과적으로 전달해 주는 기내서비스의 한 부분이라고 할 수 있다. 기내방송문 읽기는 일부 항공사에서는 채용과정 중 평가하는 항목으로서 영어인터뷰(혹은 실무면접, 임원면접 중에도) 중에 실시된다.

여기에서는 응시자의 정확한 발음, 강세 등 전달력, 그리고 방송문 내용의 이해도 등이 평가된다. 즉 영어 방송문을 큰 소리로, 얼마나 정확하게 발음하고 내용을 잘 이해하고 있는지를 측정한다. 그러므로 자연스럽게 이야기하듯이, 그리고 기내방송이 정보를 전달하는 데 목적이 있는 만큼 방송문 내용 중에서 강조해야 하는 부분을 살리면서 읽는 것이 중요하다.

또한 승무원 지망생에게 기내방송문은 스피치훈련에도 아주 적합한 학습자료이다. 기내방송문 읽기는 말을 명확하게 전달하는 훈련으로 좋은 방법이며, 기내상황을 간접적으로 느끼며 보다 흥미롭게 연습할 수 있기 때문이다.

다음에 제시되는 듣기 좋은 목소리와 싫은 목소리의 자질을 참고하여 자신의 느낌을 구체화하여 비교하여 보라.

듣기 좋은 목소리

- 밝고 명랑한 목소리
- 탁 트인 목소리
- 건강한 목소리
- 친절하고 상냥한 목소리
- 다정하고 부드러운 목소리

듣기 싫은 목소리

- 가늘고 약한 목소리
- 쉬거나 거친 목소리
- 콧소리
- 억양이 없는 단조로운 목소리
- 기계적이고 냉담한 목소리
- 메마르고 침착하지 못한 목소리
- 반발적인 목소리
- 쉰 목소리
- 낮은 저음의 힘없고 병약한 목소리
- 성의 없는 목소리

승객은 전문성 있고, 친절하고, 자신감 있는 목소리를 듣고 싶어 한다.

자신이 항공기 탑승객이라 가정하고 기내에서 방송하는 승무원이 어떤 목소리로 방송하는 것이 좋게 들릴 것인가를 생각해 보라. 주의할 점은 항공사별로 시기에 따라 그 내용이 약간씩 바뀌므로 승무원준비를 위해 기내방송 연습을 할 때 특정 방송문을 외우려 노력하지 말고 어떠한 방송문이 주어져도 내용에 맞게 읽어내는 능력을 키우는 것이 매우 중요하다.

명료하고 세련된 영어 방송 기본 요소

영어 방송을 세련되고 정확하게 하기 위해서는 다음의 요소들을 우선 이론적으로 이해하고 있어야 한다.

- 음소의 정확한 조음(correct articulation of sounds)
- 올바른 억양(correct intonation)
- 정확한 강세(exact stress)
- 자연스런 리듬(natural rhythm)

기내방송 시 유의점

방송에 적합한 목소리는 다소 높은 음정의 밝고 명랑하며 친절하게 느껴지는 목소리이다. 마치 승객 개개인이 들었을 때 승무원이 앞에서 안내해 주는 것처럼 상냥하고 아름다우며 친절함이 느껴지는 목소리여야 한다. 그러므로 반드시 밝은 표정으로 미소를 지으며 읽어야 한다. 방송이 목소리로만 전달된다 하더라도 실제로 기내에서는 승객이 보는 앞에서 방송을 하게 되는 것이며, 또 웃으면서 해야만 더 밝은 음성이 나올 수 있다.

이렇듯 자연스럽고 편안한 감정을 상대에게 전달할 수 있는 안정되고 자신감 있는 목소리를 위해서는 사전에 충분한 연습이 필요하다.

- **기내방송은 도착지, 편수 비행시간, 지연사유 등 정확한 정보의 전달이 목적이므로 전달력을 높이기 위해 일반 대화속도보다 천천히 명확하게 말한다.**

  누구나 긴장하면 자신도 모르게 말이 빨라지는데, 여기서의 '천천히'란 느리게 말하라는 것이 아니라 한마디를 하고 나서 충분히 호흡을 가다듬은 연후에 다음 말을 이어나가는 여유로움이 중요하다는 뜻이다.

- **해당 비행의 중요한 정보에 해당하는 단어들(공항명, 도착시간 등) 앞에서는 잠시 pause를 두는 것이 좋다.**

  예를 들어 한국어 방송의 경우 [오늘도/ 00항공을 찾아주신 / 손님 여러분!///]이란 말을 한다고 했을 때 (/)표시 부분은 잠시 호흡을 고르고, 그리고 (///) 표시된 부분에는 1~2초 정도 쉬어가면서 충분히 호흡한 후 다음 말을 하면 말하기 쉬울 뿐 아니라 듣는 승객 또한 편안한 마음으로 들을 수 있다.

- **단어 하나하나에 올바른 발음과 악센트 위치를 확인하여 명확하게 소리내도록 한다.**
  그러나 지나치게 글자 한 자 한 자에 음의 변화를 주거나 단어에 악센트를 주다 보면 말이 부자연스럽고 듣는 이가 부담스러워진다. 많은 승객을 대상으로 하는 방송이지만 승객 개개인이 듣기에는 승무원이 자신 앞에서 말하는 것처럼 들리듯 자연스럽게 방송하도록 한다.

- **각 단어를 정확히 발음한다.**
  l, r / p, f / b, v / th(θ) 등의 발음 구별

- **문장 중간의 전치사, 정관사 등을 정확히 발음한다.**
  the, a, at, in, on, to, with 등

- **각 단어 맨끝의 s, d, t 등의 발음이 생략되지 않도록 소리내되 강하게 발음하지 않는다.**
  overhead bins, fastened, airlines, seatbelt 등

- **please 다음에 나오는 단어에 강세를 두고 읽는다.**
  Please fasten your seatbelt.

- **연결되는 두 단어를 자연스럽게 연결시켜 부드럽게 발음한다.**
  take off / turn off / in front of

- **자연스러운 방송을 위해 구어적 표현은 축약해서 발음한다.**
  I'm / that's / there's / we'll

1. 비행편 수(Flight Number) 읽기

비행편 수(Flight Number)를 알려주는 숫자(Figure)를 말할 때는 하나씩 나눠서 읽는다. 0은 단어 첫머리에 올 때 zero[zirou]로 읽고 단어 중간이나 어미에 올 때는 alphabet 'o'[ou]로 읽는다.

This is ^flight 704 [^seven o ^four] | ^bound for ^Tokyo.

2. 현지시간과 날짜 말하기

장거리 비행(Long Distance Flight)에서 출발지와 도착지(Destination)는 시간대(Time Zone)가 달라질 수 있다. 따라서 시차(Time Difference)가 발생하고, 날짜 변경선(Date Line)을 지나 비행하는 경우 날짜가 달라진다.

도착 시 Farewell 방송에서는 현지 시간(Local Time)과 날짜를 정확하게 알려주기 위하여 다음과 같은 문장형식을 사용한다.

The local time is...

어순(Word Order)

시간 + 요일 + 월 + 날짜

The local time is	eight fifty-five P.M. on Monday
	May fifteenth
	Eleven o'clock in the morning(정각 오전 11시)
	Three o'clock in the afternoon(정각 오후 3시)
	Nine o'clock in the evening(정각 저녁 9시)

기내방송 예문

다음에 나오는 다양한 기내방송문을 연습해 보도록 한다.

PREPARATION FOR DEPARTURE

Ladies and gentlemen,
This is ________ Air flight ________ bound for ________.
We are now just (a few/________) minutes away from an on-time departure.
Please make sure that your carry-on items are stored in the overhead bins, or under the seat in front of you.
Also, please take your assigned seat and fasten your seat belt.
Thank you.

WELCOME

A Good morning (afternoon/evening).

선택 1	Captain (Family Name) and the entire crew would like to welcome you onboard ______Air, a SkyTeam member.
선택 2	Captain (Family Name). and all of our crew members are pleased to welcome you onboard ______Air, a member of SkyTeam' alliance.

Ladies and gentlemen (and boys and girls)

[10분 이상 지연]

Today, we are delayed due to ________.

We thank you for your patience and understanding.

This is flight _______. bound for _______.

Our flight time today will be _______ hour(s) and _______ minute(s).

During the flight, our cabin crew will be happy to serve you in any way we can.

We wish you an enjoyable flight.

Please direct your attention for a few minutes to the video screens (cabin crew) for safety information.

B Good morning (afternoon/evening) ladies and gentlemen.

On behalf of Captain ______ and the entire crew, welcome abroad _____ Air flight _____ (/and _____ airlines flight ____) bound for _____.

Our flight time will be _____ hour(s) and _____ minute(s).

Please make sure that your seat belt is fastened/ and return your seat back and tray table to the upright position. All electronic devices must be turned off during take-off and landing.

Please remember that smoking in the cabin and lavatories is not permitted at any time throughout the flight.

We hope you enjoy your flight with us.

Thank you for flying _____Air, a Star Alliance member.

C Good Morning/(afternoon, evening), ladies and gentlemen,/

On behalf of Captain (Family Name) / and the entire crew,/

Welcome aboard _____ Air, flight (   )/ bound for (Seoul).

(10분 이상 Delay) We are sorry for the delay/Today, we are delayed due to ______.

Our flight time to _____ / will be _____ minutes/ after take-off.

If there is anything we can do to make your flight more comfortable, our cabin crew/ is happy to serve you,/ please enjoy the flight,/

Thank you.

SEAT BELT SIGN OFF

A Ladies and gentlemen,

The captain has turned off the seat belt sign.

However in case of any unexpected turbulence, we strongly recommend you keep your seatbelt fastened at all times while seated.

Please use caution when opening the overhead bins as the contents may have shifted during the flight.

For more information about service available on this flight, please refer to the Morning Calm magazine in your seat pocket.

B Ladies and gentlemen,

The seat belt sign has been turned off.

However in case of sudden turbulence, we ask that you please keep your seat belt fastened at all times during the flight.

Also, remember that smoking is prohibited on board this aircraft. Your cooperation is appreciated.

Thank you.

C Ladies and gentlemen,

The seat belt sign/ is now off.

For your safety, please keep your seat belt fastened while seated.

When opening the overhead bins, be careful as the contents may fall out.

For further information on the types of electronic devices refer to the in-flight magazine in your seat pocket.

Thank you.

SEAT BELT SIGN ON

Ladies and gentlemen,

We are now making our descent _____ airport.

Please return to your seat and fasten your seat belt.

Also, return your seat back and tray table to the upright position.

We would like to ask you to open the window shade nearest you.

Please make sure all of your bags are stowed in the overhead bins, or under the seat in front of you.

Thank you.

TURBULENCE

Ladies and gentlemen,

a. We will be passing through an area of turbulence.

b. We are now passing through an area of turbulence.

Please return to your seat and fasten your seat belt.

Thank you.

LANDING

A Ladies and gentlemen,

We will be landing shortly.

In preparation for landing please fasten your seat belt, return your seat and tray table to the upright position, and open your window shades.

B Ladies and gentlemen,

We will be landing shortly.

Please stow your carry-on baggage and return your seat back, (foot rest), and tray table/ to the upright position.

Also, please check that your seat belt is fastened.

Thank you for your cooperation.

FAREWELL : GENERAL

A Ladies and gentlemen,

We have landed at (공항명) (international) airport.

Thank you.

[15분 이상 Delay]

Today we are delayed due to ________.

We appreciate your patience and kind understanding.

선택 1	Thank you for choosing ○○ Air, a member of SkyTeam alliance and we hope to see you again soon on your next flight.
선택 2	We hope that if future plans call for air travel. You will consider ______ Air, a member of SkyTeam alliance, for all your travel needs.

B Ladies and gentlemen,

Welcome to _____ airport. The local time (here in _____) is _____ in the morning (afternoon/evening) on (day) the (date) of (month).

For your safety, please keep your seat belt fastened until the captain turns off the seat belt sign.

When opening the overhead bins, please be careful of contents that may have moved during the flight.

Also, please make sure that there are no items left in your seat pocket or under your seat.

On behalf of the entire crew, we would like to express our sincere thanks to all of you for flying _____Air, a Star Alliance member.
We hope to see you again soon.

C Ladies and gentlemen,
We have landed at ______ (Int'l) airport.
(15분 이상 Delay)
We are sorry for the delay/Today, we are delayed due to _____.
For your safety, please remain seated/ until the seat belt sign is turned off.
When you open the overhead bins,
be careful as the contents may fall out.
Also, please have all your belongings with you when you leave the aircraft.
We hope you have a convenient trip to your final destination.
Thank you for flying ____ Air, a member of the SKYTEAM worldwide alliance,
and we look forward to seeing you again soon.

PREPARATION FOR DEPARTURE

손님 여러분!

_____까지 가는 ㅇㅇ항공 _____편, (잠시 후/약 _____분 후)에 출발하겠습니다. 갖고 계신 짐은 앞좌석 아래나 선반 속에 보관해 주시고, 지정된 자리에 앉아 좌석벨트를 매주시기 바랍니다. 감사합니다.

WELCOME

A

선택 1	소중한 여행을 저희 _____항공과 함께 해주신 고객여러분, 안녕하십니까. 스카이팀 회원사인 저희 _____항공은 여러분의 탑승을 진심으로 환영합니다.
선택 2	손님 여러분, 안녕하십니까. 오늘도 변함없이 스카이팀 회원사인 저희 ㅇㅇ항공을 이용해 주신 여러분께 깊은 감사를 드립니다.

[10분 이상 지연]

오늘 ※__________(으)로 인해 출발이 예정보다 늦어졌습니다.

손님 여러분의 양해를 바랍니다.

이 비행기는 _____까지 가는 _____항공 편입니다.

목적지인 _____까지 예정된 비행시간은 이륙 후 ___시간 ___분입니다. 오늘 (성명) 기장을 비롯한 저희 승무원들은 여러분을 _____ 까지 정성껏 모시겠습니다. 도움이 필요하시면 언제든지 저희 승무원을 불러주십시오.

계속해서 기내 안전에 관해 안내해 드리겠습니다.
잠시 화면(승무원)을 주목해 주시기 바랍니다.

B 손님 여러분 안녕하십니까? 스타얼라이언스 ______항공 ____편
(/ _____항공 ____편)의 탑승을 환영합니다.
______까지 비행시간은 ___시간 ___분이 걸릴 것으로 예상하며,
기장은 ______입니다.
안전을 위해 좌석벨트를 매주시고, 좌석 등받이와 테이블은 제자리로 해 주시기 바랍니다.
그리고 화장실을 포함한 기내 전체에서는 금연입니다.
_____항공과 함께 편안하고 즐거운 시간 보내시기 바랍니다.
감사합니다.

C 저희 _____항공을 찾아주신 고객 여러분 안녕하십니까, 이 비행기는 ______까지 가는/ _____항공 _____편입니다. (10분 이상 Delay) 출발이 예정시간보다 늦어/ (대단히) 죄송합니다.
목적지인 ______공항까지의 비행시간은/ 이륙 후 ___분으로 예정하고 있습니다.
오늘 (Full Mane) 기장과 (Full Name) 사무장을 비롯한 저희 승무원들은 여러분을 (도시별 특성문안)까지 정성껏 모시겠습니다.
저희 _____항공과 함께/ 편안한 (즐거운) 여행을 하시길 바랍니다.

SEAT BELT SIGN OFF

A 손님 여러분,

방금 좌석벨트 표시등이 꺼졌습니다.

그러나 비행 중에는 기류 변화로 비행기가 갑자기 흔들리는 경우가 있습니다. 안전한 비행을 위하여, 자리에 앉아 계실 때나 주무시는 동안에는 항상 좌석벨트를 매고 계시기 바랍니다. 그리고 선반을 여실 때는, 안에 있는 물건이 떨어지지 않도록 조심해 주십시오.

좌석 앞주머니 속의 기내지를 참고하시면 비행 중 사용할 수 있는 전자제품, 스카이패스 등에 대한 자세한 비행 정보를 얻으실 수 있습니다.

B 손님 여러분, 좌석벨트 착용표시등이 꺼졌습니다만/ 기류변화로 비행기가 갑자기 흔들릴 수 있으니, 앉아 계실 때는 좌석벨트를 매주시기 바랍니다. 또한 화장실을 포함한 기내에서는 금연해 주시기 바랍니다. 감사합니다.

C 손님 여러분, 방금 좌석벨트 사인이 꺼졌습니다. 그러나 기류변화로 비행기가 갑자기 흔들릴 수 있으니, 자리에 앉아 계실 때는/ 항상 좌석벨트를 매주시기 바랍니다.

아울러, 선반 속의 물건을 꺼내실 때는/ 안에 있는 짐들이 떨어지지 않도록 조심해 주십시오. 감사합니다.

SEAT BELT SIGN ON

손님여러분, 잠시 후 ______공항에 도착하겠습니다. 좌석벨트를 매주시고, 좌석 등받이와 테이블은 제자리로 해주시기 바랍니다. 또한 창문 커튼은 열어주시고 꺼내 놓은 짐은 좌석 밑이나 선반 속에 넣어주시기 바랍니다. 감사합니다.

TURBULENCE

안내말씀 드리겠습니다.

a. 기류변화로, 비행기가 흔들릴 것으로 예상됩니다.

b. 기류변화로, 비행기가 흔들리고 있습니다.

여러분의 안전을 위해/ 자리에 앉아/ 좌석벨트를 매주시기 바랍니다.

감사합니다.

LANDING

A 손님 여러분, 우리 비행기는 곧 착륙하겠습니다.

좌석 등받이와 (발 받침대) 테이블을 제자리로 해주시고, 좌석벨트를 매 주십시오.

그리고 착륙 중 창문 덮개는 열어두시기 바랍니다.

감사합니다.

B 손님 여러분, 이 비행기는 곧 착륙하겠습니다.

꺼내놓으신 짐들은/ 선반 속과 앞좌석 밑에 보관해 주시고, 등받이와 (발 받침대), 테이블을 제자리로 해주십시오.

또한 좌석벨트를 매셨는지 확인해 주시기 바랍니다.

감사합니다.

FAREWELL GENERAL

A 손님 여러분,

우리 비행기는 (도시별 특성문안)에 도착했습니다.

[15분 이상 Delay]

※ 관계로 도착이 예정보다 늦어진 점, 양해해 주시기 바랍니다.

선택 1	오늘도 여러분의 소중한 여행을 스카이팀 회원사인 _____항공과 함께해 주셔서 대단히 감사합니다. 저희 승무원들은 앞으로도 한 분 한 분 특별히 모시는 마음으로 고객 여러분과 늘 함께할 것을 약속드립니다.
선택 2	스카이팀 회원사인 저희 _____항공은 고객 여러분의 사랑에 감사드리며, 앞으로도 계속 노력하는 모습으로 늘 여러분과 함께하겠습니다.
선택 3	오늘도 스카이팀 회원사인 저희 _____항공을 이용해 주셔서 대단히 감사합니다. 저희 승무원을 비롯한 모든 직원들은 앞으로도 손님 여러분의 여행이 항상 안전하고 편안할 수 있도록 최선을 다하겠습니다.
선택 4	스카이팀 회원사인 _____항공과 늘 함께해 주시는 손님 여러분께 깊은 감사를 드립니다. 저희 승무원들은 여러분의 변함없는 사랑에 보답하는 마음으로 한결같이 정성을 다하겠습니다.

감사합니다. 안녕히 가십시오.

B 손님 여러분, ______공항에 도착했습니다.

______항공과 함께 즐겁고 편안한 시간 보내셨습니까?

이곳의 현재 시각은 ____월 ____일 오전(오후) ____시 ____분입니다. 안전을 위해 좌석벨트를 계속 매고 계시기 바랍니다. 비행기가 완전히 멈춘 후, 머리 위 선반을 여실 때는/ 안에 있는 물건이 떨어져 다치지 않게 주의해 주시고, 기내에 두고 내리는 물건이 없는지 확인해 주시기 바랍니다.

스타얼라이언스 _____항공을 이용해 주신 손님 여러분께 진심으로 감사드리며, 더욱 안전하고 편안하게 여러분을 모시겠습니다.

안녕히 가십시오.

C 손님 여러분, 이 비행기는 방금 (도시 별 특성문안)에 도착했습니다. (15분 이상 Delay)

도착이 예정시간보다 늦어/ (대단히) 죄송합니다./ ______관계로 도착이 예정시간보다 늦어진 점을/ 양해해 주시기 바랍니다.

여러분의 안전을 위해 비행기가 완전히 멈춘 후, 좌석벨트 사인이 꺼질 때까지/ 자리에서 기다려주십시오.

선반을 여실 때는/ 안에 있는 물건이 떨어지지 않도록 조심해 주시고, 잊으신 물건이 없는지/ 다시 한 번 살펴주십시오. 저희 ㅇㅇ항공과 늘 함께해 주시는 손님 여러분, 감사합니다. 저희 승무원들은 여러분의 변함없는 사랑에 보답하는 마음으로/ 한결같이 정성을 다하겠습니다.

감사합니다./ 안녕히 가십시오.

저자소개

박 혜 정

이화여자대학교 정치외교학과 졸업
세종대학교 관광대학원 관광경영학과 졸업(경영학 석사)
세종대학교 대학원 호텔관광경영학과 졸업(호텔관광학 박사)

대한항공 객실승무원
대한항공 객실훈련원 전임강사
동주대학교 항공운항과 교수
현) 수원과학대학교 항공관광과 교수

Scott J. Covey

Saint Mary's University, Nova Scotia, Canada
Bachelor of Commerce: Major: Human Resources, Minor: Psychology

Saint Mary's University, Nova Scotia, Canada
Certificate in Human Resources Management

Sheridan College, Oakville, Ontario, Canada
Currently enrolled in Certificate in Project Management

Saint Mary's University T.E.S.L Center, Nova Scotia, Canada
Certificate of Teaching English as a Second Language

Daewoo Shipbuilding and Marine Engineering Company
Business English Lecturer

DSME Trenton Ltd. Trenton, Nova Scotia, Canada
Contract Administrator / Project Manager

항공서비스시리즈 10

English Interview for Stewardesses

2014년 11월 5일 초판 1쇄 인쇄
2014년 11월 10일 초판 1쇄 발행

지은이 박혜정 & Scott J. Covey
펴낸이 진욱상 · 진성원
펴낸곳 백산출판사
교 정 성인숙
본문디자인 박채린
표지디자인 오정은

저자와의 합의하에 인지첩부 생략

등 록 1974년 1월 9일 제1-72호
주 소 서울시 성북구 정릉로 157(백산빌딩 4층)
전 화 02-914-1621/02-917-6240
팩 스 02-912-4438
이메일 editbsp@naver.com
홈페이지 www.ibaeksan.kr

ISBN 979-11-5763-001-1
값 17,000원